CALLWEY

Bodensee

Bodensee

Reisen kennt kein Alter

Patrick Brauns

CALLWEY

Inhalt

ZUR EINSTIMMUNG
Die Bodenseeregion
und ihre Vielfalt
Seite 6

Wissenswertes
Seite 9
Kurzinterview mit ERIC THIEL **Seite 12**

KAPITEL 1
Konstanz
Seite 14

KAPITEL 2
Radolfzell & Überlingen
Seite 26
Kurzinterview mit
HERMANN MAIER **Seite 33**
Interview mit der Bestsellerautorin
GABY HAUPTMANN **Seite 37**

KAPITEL 3
Friedrichshafen & Ravensburg
Seite 40
Interview mit
FRANZ SCHWARZBAUER **Seite 44**
Interview mit dem Ornithologen
PETER BERTHOLD **Seite 52**

KAPITEL 4
Lindau & Bregenz
Seite 54
Interview mit SIEGHARD BAIER **Seite 65**

KAPITEL 5
St. Gallen
Seite 68
Interview mit dem Treppenexperten
PATRICK FUST **Seite 79**

KAPITEL 6
Obersee
Seite 82
Interview mit dem Geschäftsführer bei Regio TV
ROLF BENZMANN **Seite 93**

KAPITEL 7
Ostschweiz
Seite 96
Kurzinterview mit der Buchhändlerin
SABINE LOOP **Seite 103**
Interview mit Kapuzinerbruder
ADRIAN MÜLLER **Seite 108**

KAPITEL 8
Untersee
Seite 110
Kurzinterview mit dem Architekten
WALTER DERRER **Seite 115**

Bildnachweis **Seite 125**

Impressum **Seite 128**

ZUR EINSTIMMUNG

zur Einstimmung

Wer zum ersten Mal am Bodensee Urlaub macht oder frisch zugezogen ist, kann sich wie im **Paradies** fühlen. Dieser Allgemeinplatz hat klimatische und landschaftliche Hintergründe. Es gibt rund um den Bodensee eine kleine Zahl von Orten, die tatsächlich »Paradies« heißen, etwa ein beliebter Konstanzer Stadtteil, benannt nach einem mittelalterlichen Kloster. An die klösterliche Vergangenheit erinnert ein Gasthaus mit dem Namen Paradies, das über den Rhein hinweg »Sünder und Genießer« willkommen heißt. Am anderen Ende der Region, bei Eichenberg hoch über der Bregenzer Bucht, gibt es ein Restaurant mit demselben Namen, von dessen Terrasse aus man im Sommer die Sonne prächtig hinter dem See untergehen sehen kann.
Über den Bodensee, eigentlich über das »Bodenseeland«, das ihn umgibt, gibt es viele Bücher. Wir haben das typische Bodensee-Buch neu erfunden – und sprechen besonders ältere Menschen an, die sich für eine attraktive Mischung aus Kunst, Kultur und Kulinarik begeistern. Angelehnt an das Credo der Tertianum Premium Residences »Leben kennt kein Alter« ist das Leitmotiv des Reiseführers auch der Titel: »**Reisen kennt kein Alter**«. Weil die Ufer so dicht besiedelt sind, ist die Re-

gion für manche auch wie eine »Großstadt«, die mehrere Zentren hat. Der Herausgeber der Monatszeitschrift *akzent,* Markus Hotz, hat den Untertitel »für die Großstadt Bodensee« vor vielen Jahren etwa so erklärt: Rund um den Bodensee leben fast so viele Menschen wie in Berlin, und die Kulturangebote sind hier auch fast so reichhaltig wie dort. Zwischen den einzelnen Veranstaltungsorten ist man am Bodensee oft genauso lang unterwegs wie in Berlin, aber die Fahrtstrecken sind viel schöner. Deshalb haben wir die Region auch etwas anders in Kapitel eingeteilt, als Sie es kennen: Es sind Städte zusammengefasst, die sonst nicht »unter einem Dach« sind, sich aber auf die eine oder andere Art ergänzen – Radolfzell und Überlingen, Friedrichshafen und Ravensburg, Lindau und Bregenz. In drei Kapiteln sind Orte und Landschaften zu kleinen Reisen zusammengestellt. Diese »Reisen« sind nicht dazu gedacht, an einem Tag alles zu sehen, sondern eher als Katalog, aus dem Sie auswählen, was Sie jeweils sehen möchten.

Als Experten haben wir Persönlichkeiten gefragt, die so verschieden sind wie das Gebiet selbst und die unterschiedlichsten Themen abdecken: den Ornithologen **Peter Berthold** und die Bestsellerautorin **Gaby Hauptmann,** den Regio-TV-Geschäftsführer **Rolf Benzmann** und den Kapuzinerbruder **Adrian Müller,** den Oldtimersammler **Hermann Maier** und die Buchhändlerin **Sabine Loop,** den Kulturamtsleiter **Franz Schwarzbauer** und den Treppenexperten **Patrick Fust,** die Tourismusdirektoren **Eric Thiel** (Konstanz) und **Sieghard Baier** (Vorarlberg).

Lassen Sie sich von ihnen anregen, die Vielfalt der Bodenseeregion zu entdecken! Zur Vielfalt gehört aber auch das, was nicht in diesem Buch steht. Bei den Städten finden Sie ebenso wie bei den kuratierten Tipps eine Auswahl von Bekanntem und Unbekanntem, von touristischen »Highlights« und Orten, die in keinem anderen Reiseführer stehen.

WISSENSWERTES ÜBER DIE BODENSEEREGION

Wollen Einheimische Touristen abschrecken, behaupten sie schon mal, es gäbe im Prinzip zwei Jahreszeiten am Bodensee: die Nebelzeit und die Schnakenzeit. Das sind die kleinen Schattenseiten, mit denen man leben muss. Der winterliche Nebel ist nicht mehr so hartnäckig wie früher, und die Stechmücken belästigen uns nicht jeden Sommer. Wenn sie auftreten, kann man ihnen auch aus dem Weg gehen.

Das besondere, milde Klima am See in Verbindung mit den Geländeformen hat so seine Vor- und Nachteile. Wer sie kennt, kann die Freizeitaktivitäten entsprechend danach ausrichten:

———

Bei Nebel oder Hochnebel gilt das Prinzip »unten grau, oben blau«. Dann kann man entweder melancholisch unten bleiben, oder man geht über die Nebelgrenze, wo es nicht nur sonnig, sondern deutlich milder ist. Wie hoch man gehen muss, um die Sonne zu sehen, erfahren Sie über die Schweizer Wetterdienste oder die Webcams der Region.

Wer bei veränderlichen Westwind-Wetterlagen (im Herbst oder Frühjahr) dem Regen aus dem Weg gehen will, macht am besten einen Ausflug in den Hegau, im Westen des Bodensees. Hier regnet es im Jahresdurchschnitt höchstens halb so viel wie um Bregenz und Lindau, wo die Regenwolken auf die Berge prallen.

———

Der Osten des Bodensees hat dagegen den Vorteil, dass hier der Föhn bläst, sodass es im Alpenrheintal noch warm ist, wenn es im Westen schon regnet. Dann nutzen Sie den Moment, gehen Sie in die Höhe und genießen dort den Blick in endlose Weiten.

———

Ist es im Sommer richtig heiß, verziehen sich die Einheimischen in die Tobel, die kurzen, tief eingeschnittenen Täler, wo es etwas kühler ist. Solche Tobel gibt es am Nordhang des Schweizer Seerückens, um Überlingen und St. Gallen. Etwas frischer als in den Städten und Ebenen ist es oft auch auf den Drumlins, den von den Gletschern der Eiszeit geformten kleinen Hügeln.

EIN SEE – DREI LÄNDER …

Die Bodenseeregion umfasst Teile von drei Staaten, deshalb spricht man auch vom Drei-Länder-See – dadurch entsteht eine beeindruckende kulturelle Vielfalt.

Den Grenzpunkt mitten im Obersee finden nur die Segler, auf dem Rheindamm kann man sich ihm immerhin zu Fuß nähern. Weil das kleine, 30 Kilometer vom Bodensee entfernte Fürstentum Liechtenstein sich gerne zum See zählt, spricht das Tourismusmarketing auch von der »Vier-Länder-Region«. Wer das internationale Gefühl steigern will, kann zum Fünfländerblick oberhalb von Rorschach fahren, der hat seinen Namen aber noch aus der Zeit, als Baden, Württemberg und Bayern als eigenständige Länder gezählt wurden. Vom Gipfel des Säntis, Hausberg der Region, sehen Sie tatsächlich in sechs heutige Länder.

SPRACHE

Der See und die gemeinsame Sprache, der alemannische Dialekt, verbinden die drei Länder, wobei das Schweizerdeutsche gewöhnungsbedürftig sein kann. Aber auch von Österreich heißt es schon, es sei von Deutschland durch die gemeinsame Sprache getrennt (Karl Farkas), was Sie schon beim ersten Besuch in einem Kaffeehaus (Kapitel N° 4) merken.

WÄHRUNG

Die Schweiz hat bekanntlich ihre eigene Währung. Als Tourist sollte man deshalb mit Schweizer Franken

Unterwegs über dem Nebelmeer auf dem Dornbirner Berg.

ausgestattet sein. Außerdem hat sie strengere Verkehrsregeln (z. B. bei der Geschwindigkeitsbeschränkung), dafür hat sie ein besseres und dichteres System des öffentlichen Nah- und Fernverkehrs, mit Zügen im Halbstundentakt und den berühmten »Postautos«, die auch am Wochenende in alle Dörfer fahren.

VERKEHR

Jahrtausendelang hat der See auch als Verkehrsweg die Ufer im Norden und Süden verbunden; seit der Erschließung durch Eisenbahnen ist der Landweg schneller, aber die unterschiedlichen Verkehrs- und Tarifsysteme machen das Reisen über die Grenzen etwas kompliziert. Immerhin gibt es das »Bodensee-Ticket«, mit dem Sie bequem durch die drei Länder reisen können. Die Tourist-Informationen und Mobilitätszentralen erleichtern Ihnen auch dabei den Überblick.

GENUSS

Schon die Pfahlbau-Siedler hatten durch die Früchte der Erde und des Sees eine vielfältige Ernährung. Spätestens seitdem die Römer den Weinbau hergebracht haben, kann man von einer Genussregion sprechen, weiterentwickelt wurde die Kulturlandschaft

Mit feiner regionaler Küche überzeugt auch das Restaurant Fernsicht (Kapitel N° 6).

durch die Klöster des Mittelalters, wovon heute noch die Kräutergärten zeugen, z. B. auf der Insel Reichenau. Für die Milchwirtschaft und die darauf basierende Käseherstellung ist das Appenzellerland ebenso bekannt wie der Bregenzerwald und das Allgäu, handwerkliche Käsereien finden Sie heute aber auch im Linzgau, Hegau und Thurgau. Diese Fülle wirkt sich natürlich auch auf die Gastronomie aus: Nach einer Auswertung durch das Magazin *Seezunge* gibt es rund um den Bodensee mehr Hauben- und Sternerestaurants als im Elsass, und auch die gutbürgerliche Küche der Region muss den Vergleich nicht scheuen.

ZUR EINSTIMMUNG

Kurzinterview

ERIC THIEL
ist der Geschäftsführer von „Marketing und Tourismus Konstanz"
www.konstanz-info.com

Wie kann man die Stadtgeschichte erfahren, wenn gerade keine Stadtführung ist?
Virtuell mit einem Stadtrundgang am PC und bei vielen weiteren digitalen Angeboten kann die größte Stadt der Bodenseeregion von daheim aus ganz entspannt erkundet werden. Alternativ einfach die historische Konstanzer Innenstadt auf eigene Faust erkunden – vor allem in der Niederburg können schon die Jahreszahlen und Namen der Häuser ganze Geschichten erzählen.

Konstanz ist eine Agglomeration mit Kreuzlingen. Was schätzen und empfehlen Sie an der Nachbarstadt?
Grenzüberschreitende Projekte wie der große 24-Stunden-Flohmarkt Konstanz/Kreuzlingen, das gemeinsame Kinderfest und viele mehr sind etwas ganz Besonderes, das es in dieser Form nur hier gibt. Einzigartig ist zudem die Kunstgrenze, die eine künstlerische Grenze darstellt und die Zusammengehörigkeit der beiden Städte auf besondere Weise symbolisiert.

Konstanz hat eine tausendjährige Verbindung nach St. Gallen – was bedeutet das touristisch?
Touristisch bedeutet die Verbindung sehr viel – allen voran ist hier das UNESCO-Weltkulturerbe als verbindendes Element (mit der benachbarten Insel Reichenau) zu nennen. Projekte wie »Kirchen, Klöster, Weltkultur« laden mit zahlreichen Erlebnissen und Angeboten dazu ein, in diese faszinierende gemeinsame Historie einzutauchen. Die Bahn-Anbindung nach St. Gallen ist übrigens hervorragend, schneller als mit dem Auto.

Wie könnte man einen schönen Drei-Länder-Tag am Bodensee verbringen?
Am Vormittag einen genussvollen Spaziergang durch die malerischen Altstadt-Gässchen Konstanz' machen und lecker frühstücken, am Nachmittag mit der St. Galler Stiftsbibliothek eine UNESCO-Welterbestätte besuchen, den Abend kulturell in Bregenz ausklingen lassen – Städtehopping am Bodensee.

WISSENSWERTES

KULTURKALENDER

JANUAR	**Silvesterklausen:** urtümliches Brauchtum im Appenzeller Hinterland am 13. Januar, dem Silvester vor der Kalenderreform
FEBRUAR	**Schwäbisch-alemannische Fasnacht** in den traditionell katholischen Gebieten, in der Ostschweiz am Wochenende nach Aschermittwoch und in Ermatingen erst drei Wochen vor Ostern
APRIL	**Markusfest:** ein traditioneller Feiertag auf der Insel Reichenau (25. April, der erste der drei Inselfeiertage)
MAI	**Bodensee-Festival:** Musikfestival auf der deutschen Seite des Sees (www.bodenseefestival.de) **Weingartener Blutritt:** größte Reiterprozession Europas (Freitag nach Christi Himmelfahrt)
JUNI	**Internationale Bodenseewoche, Konstanz:** großes Stelldichein der Segler und Jachten (www.internationale-bodenseewoche.com)
JULI	**Kultur-Ufer, Friedrichshafen:** Musik- und Theaterfestival in den Uferanlagen (www.kulturufer.de)
AUGUST	**Bregenzer Festspiele** (www.bregenzerfestspiele.com) **Zahlreiche Sommerfeste** – die auf dem Land sind oft sympathischer
OKTOBER	**Büllefest, auch genannt Zwiebelfest:** Es findet am 1. Sonntag im Oktober auf der Vorderen Höri statt
DEZEMBER	**In der Region gibt es viele Weihnachtsmärkte mit historischem Ambiente:** z. B. in Bregenz, Engen, Radolfzell, Ravensburg, St. Gallen und Schaffhausen

KONSTANZ

DIE KONZILSTADT AM SEE

Die heimliche Bodensee-Hauptstadt, zwischen Ober- und Untersee, der Mainau und der Schweiz

START

1. **KONZILGEBÄUDE,** *Hafenstraße 2*

   CA. 160 METER, CA. 2 MINUTEN

2. **STADTGARTEN**

   CA. 300 METER, CA. 4 MINUTEN

3. **STEIGENBERGER INSELHOTEL,** *Auf der Insel 1*

   CA. 350 METER, CA. 4 MINUTEN

4. **WEINSTUBE FRANZ FRITZ,** *Niederburggasse 7*

   230 METER, CA. 3 MINUTEN

5. **MÜNSTERPLATZ**

   270 METER, CA. 3 MINUTEN

6. **WESSENBERG-RESTAURANT,** *Wessenbergstraße 41*

   200 METER, CA. 2 MINUTEN

7. **CASA FLORA,** *Sankt-Stephans-Platz 3*

   150 METER, CA. 3 MINUTEN

8. **OBERMARKT,** *Obermarkt 8-12*

   180 METER, CA. 2 MINUTEN

9. **LE SUD,** *Hussenstraße 28*

   350 METER, CA. 4 MINUTEN

10. **ROSGARTENMUSEUM,** *Rosgartenstraße 3 - 5*

ZIEL

KAPITEL N⁰ 1

—

Konstanz

—

Die alte Konzilstadt Konstanz liegt beinahe in der Mitte der Bodenseeregion, zwischen Schaffhausen und Bregenz. Da sie die
größte Stadt der Region ist, fühlt sie sich auch als ihre Hauptstadt.
Verkehrstechnisch ist Konstanz in alle Himmelsrichtungen der Region
gut verbunden: von Karlsruhe her mit der Schwarzwaldbahn,
von Friedrichshafen mit dem Katamaran, von St. Gallen mit einem
schnellen Eilzug und von Zürich mit Autobahn und Schnellzug.
Als Einkaufsstadt ist Konstanz vor allem bei den Schweizern beliebt,
die hier gerne das Angenehme mit dem Nützlichen, den Konsum
mit der Kultur und gutem Essen verbinden. Die frühere Konzils-
und Bischofsstadt ist seit den 60er-Jahren auch Universitätsstadt
und hat dadurch für fast alle Interessen ein großes Angebot.

—

KONSTANZ

Um die historische Stadt zu erfassen, durchqueren Sie sie am besten von Nord nach Süd: auf der ehemaligen Römerstraße am Münster vorbei bis zum Schnetztor, von dem aus es in die Nachbarstadt Kreuzlingen geht. Dabei folgen Sie auch der historischen Entwicklung: Zuerst entstand der Stadtteil um das Münster, zwischen Rhein und Sankt-Stephanskirche, dann die erste Erweiterung bis zum Obermarkt. Hier kreuzen Sie die alte Ost-West-Verbindung zwischen dem Hafen und den Gemüsefeldern im Westen der Stadt – heute der Stadtteil mit dem schönen Namen Paradies. Der Rundweg führt Sie dann durch die nächste Erweiterung aus dem 13. Jahrhundert. Mit einer Schleife nach Osten geht es über die Marktstätte wieder Richtung Hafen.

Am besten beginnen Sie den Spaziergang vor dem Konzilgebäude und flanieren zunächst zu Peter Lenks Statue der ● **Imperia**, die seit 1993 auf die Hafeneinfahrt herunterschaut. Von dort sehen Sie die Silhouette der Stadt mit ihren Kirchtürmen und Hochhäusern, den Patrizierhäusern der Gründerzeit an der Seestraße nördlich der Bucht und der Kreuzlinger Vorstadt im Süden. Durch den ● **Stadtgarten,** der Mitte des 19. Jahrhunderts aus den Steinen der Stadtmauern aufgeschüttet wurde, gehen Sie zum ● **Inselhotel.** Es ist mit seiner Seeterrasse wohl der schönste Platz in Konstanz, um in der Morgensonne einen zweiten Kaffee zu trinken. Beim Bahnübergang des Inselhotels geht es geradeaus in den ältesten Stadtteil, die Niederburg, wo im Mittelalter die Handwerker im Schatten des Münsters lebten. Heute hat der Stadtteil in seinen Häusern aus dem 14. oder 15. Jahrhundert eine bunte Mischung aus kleinen Läden, Dienstleistungsbetrieben und Weinlokalen (z. B. die ● **Weinstube Franz Fritz** oder das ● **Hintertürle**).

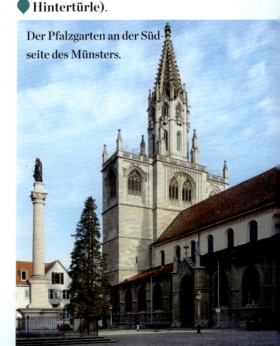

Der Pfalzgarten an der Südseite des Münsters.

Häuser aus den letzten sechs Jahrhunderten, das kräftig rote Kulturzentrum aus den 1990er-Jahren inklusive, rahmen den ◉ **Münsterplatz** ein. Auch das Münster enthält Bauteile aus allen Stilepochen: Romanik, Gotik, Barock und Moderne. Wer nach dem belebten Platz etwas Ruhe sucht, kann kurz zum ◉ **Pfalzgarten** mit der Mariensäule an der Südseite des Münsters gehen. Das ◉ **Restaurant Wessenberg** neben der gleichnamigen städtischen Galerie hat einen großen Innenhof mit Blick auf mittelalterlich-moderne Architekturkontraste. Die Wessenbergstraße ist die historische Verkehrsachse und heute die zentrale Fußgängerzone. Dienstags und freitags zeigt der Wochenmarkt auf dem Sankt-Stephans-Platz, was die Felder der Umgebung hergeben. Für Blumen finden Sie am Ende des Platzes die ◉ **Casa Flora** mit einer liebevollen Auswahl.

Am Obermarkt sehen Sie rechts durch die Paradiesstraße die Lutherkirche, bei der die ehemals bäuerliche Vorstadt »Paradies« anfängt, und wenn Sie links in die Kanzleistraße gehen, kommen Sie nach wenigen Metern zum ◉ **Rathaus** mit seinen ruhigen Innenhöfen. Das ◉ **Hotel Barbarossa** dominiert den Obermarkt mit seiner Restaurant-Terrasse. Daneben verkauft die kleine, feine ◉ **Schwarze Geiß** Bücher, schräg gegenüber bietet das ◉ **Bücherschiff** neben Literatur auch feine Weine und Spirituosen (Paradiesstraße 3).

Die Straße setzt sich als Hussenstraße fort. Gegenüber dem Kaufhaus Karstadt steht die ehemalige säkularisierte Paulskirche. Sie beherbergt seit 1990 das Kunst- und Kulturzentrum K9 sowie das französisch-mediterrane Restaurant ◉ **Le Sud** mit seinem idyllischen, mit Olivenbäumchen dekorierten Innenhof. Das Schnetztor ist das letzte Tor der früheren Stadtbefestigung, das noch als Tor fungiert. Von der südwestlichen Altstadt geht es über die Neugasse in den Südosten. Wer noch mehr

Der Blick von der Plattform des Münsterturms direkt auf den See.

In der Konstanzer Innenstadt lässt es sich gemütlich bummeln.

alte Mauern sehen will, kann durch die Schlachttorgasse, parallel zur Neugasse, an Resten der Stadtmauer entlanggehen.

Die Rosgartenstraße, seit 1971 erste Fußgängerzone der Stadt, ist eine belebte Einkaufsstraße. Bei der Einmündung der Neugasse steht die Dreifaltigkeitskirche, die als »City-Kirche« (offene Kirche) zu einem Besuch einlädt. Die Straße hat ihren Namen vom Rosgartenmuseum, bei dem das Museumscafé eingerichtet ist wie eine historische Wohnstube (Rosgartenstraße 3-5). Über die Marktstätte, die sommers italienisches Flair hat, geht's wieder Richtung See.

Die frühere Oberpostdirektion an der Ecke zum Bahnhofplatz ist einen genaueren Blick wert: Die Köpfe über den Fenstern verkörpern die fünf Kontinente. Wenn Sie an der Fassade entlangschauen, sehen Sie, wie weich der Untergrund ist, denn die Ecktürme haben sich so gesenkt, dass die Wand einen leichten Bogen bildet.

KULTUR & SEHENSWERTES

🟢 Münster Unserer Lieben Frau
Münsterplatz

Mit seiner tausendjährigen Baugeschichte enthält das Münster Elemente fast aller Stilepochen, was auf dem Plan zur Basilika in unterschiedlichen Farben schön dargestellt ist. Sein Geläut mit allen 19 Glocken am Samstagnachmittag um 16.00 Uhr gilt als eines der schönsten Deutschlands. Wenn Sie es am belebten Münsterplatz ruhig haben wollen, setzen Sie sich in den kleinen Park des Kreuzgangs an der Nordseite oder besuchen Sie die Krypta unter dem Chor.

🟢 Christuskirche (alt-kath.)
Münsterplatz 8 (neben dem Theater)

Die ehemalige Jesuitenkirche (1609) ist ein Kleinod des Barocks, ziemlich stilrein und farblich dezent. Die Kirchenbänke zeigen durch ihre Inschriften deutliche Spuren von über einem Jahrhundert Schülerkirche und sind damit auch ein Dokument der Stadtgeschichte.

Rollstuhlgerechter Zugang durch Seiteneingang

🟢 Rosgartenmuseum
Rosgartenstraße 3 - 5,
www.rosgartenmuseum.de

Das Konstanzer Museum für Kultur- und Stadtgeschichte ist in einem Zunft-

Die Parkanlage im ehemaligen Kreuzgang des Münsters.

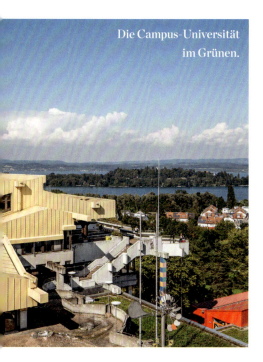
Die Campus-Universität im Grünen.

haus aus dem 15. Jahrhundert untergebracht und zeigt jedes Jahr eine große Sonderausstellung zur Stadtgeschichte. Ein original erhaltener Ausstellungsraum aus dem 19. Jahrhundert im Erdgeschoss ist ein Museum im Museum. Das Museumscafé im rückwärtigen Anbau bietet im Sommer auch draußen Sitzplätze in idyllischer Ruhe.
Barrierefrei

📍 Palmenhaus
Zum Hussenstein 12,
www.palmenhaus-konstanz.de
Das 1923 erbaute Gewächshaus mit seiner vielfältigen exotischen Vegetation ist ein Relikt der früheren Stadtgärtnerei – heute eine grüne Oase im Stadtteil Paradies. Hier hat auch der BUND Konstanz seinen Sitz.

📍 Seeuferweg
Petershausen an der Rheinbrücke bis Staad
Einen gut 4 Kilometer langen öffentlichen Uferweg von der Seepromenade über die sogenannte Schmugglerbucht und das Hörnle (im Sommer ein Strandbad) bis fast zum Fährhafen in Staad gibt es seit 1995, nachdem vor den letzten Ufergrundstücken ein Abwasserkanal und darauf ein Weg angelegt wurde – damit wurden zwei Fliegen mit einer Klappe geschlagen.

📍 Uni-Bibliothek ♿
Universität
Universitätsstraße 10
www.uni-konstanz.de
Die Bibliothek der 1966 gegründeten Universität ist eine der modernsten und benutzerfreundlichsten in der deutschsprachigen Hochschullandschaft. Sie steht auch Externen offen, ihre Bücher sind frei zugänglich, und der Bestand ist nicht in Institutsbibliotheken aufgeteilt, was besonders bei wissenschaftlichen Grenzgebieten (z. B. Soziolinguistik/Sprachsoziologie) von Vorteil ist.
Barrierefrei

Insider TIPP

„

Wir haben zwei Tipps, die direkt am Seerhein liegen: zum Fischessen die Anglerstuben auf Konstanzer Seite und für das Dessert das Seecafé in Gottlieben, in dem auch der »Fabrikladen« für die feinen Gottlieber Hüppen ist.

**Dr. Helga Freifrau von Soden,
Bewohnerin der Tertianum Premium Residences**

In der Brasserie Colette werden französisch inspirierte Gerichte serviert.

ESSEN & TRINKEN

📍 San Martino
Bruderturmgasse 3
www.san-martino.net
Nach dem Vorbild schweizerischer Restaurants wird hier zweigleisig gefahren: Gourmetküche (an vier Abenden) und gehobene Küche. Die beiden Bereiche sind verbunden durch die jahrhundertealte Stadtmauer, die im ganzen Lokal sichtbar ist.
Teilweise barrierefrei

📍 Die Gewürzschatulle
Sigismundstraße 6
www.gewuerzschatulle.de
Gewürze, Salze und Gewürzmischungen, ebenso wie Geschenke und Beratung: In diesem Geschäft bleiben keine Wünsche offen. Wer nach den Spaziergängen durch die Stadt eine Abwechslung braucht, findet hier auch Seminare rund um die große bunte Welt der Gewürze.

📍 Suppengrün
Sigismundstraße 19
www.suppengruen.biz/de
Lecker, leicht, gesund – so schmecken die Gerichte im Suppengrün. Saisonale Wochensuppen, täglich wechselnde Tagessuppen: Das Angebot reicht von klassischer Linsensuppe bis zu mildem Thai-Curry, Brot und Wein.

📍 Brasserie Colette Tim Raue
Brotlaube 2A
www.brasseriecolette.de/de/konstanz
Nach Rezepten von Sternekoch Tim Raue werden hier französische Brasserie-Klassiker neu interpretiert serviert. Besonders schön: Die Dachterrasse mit Blick auf die Marktstätte.
Barrierefreier Zugang via Fahrstuhl

KONSTANZ

DIE BLUMENINSEL MAINAU

Die Insel Mainau muss man eigentlich nicht mehr empfehlen, das wäre wie Eulen nach Athen tragen. Sie gehört mit über einer Million Besuchern im Jahr zu den touristischen »Highlights«. Interessant zu wissen ist aber, wann und wo man Ruhe und etwas Platz um sich herum hat. Wenn Sie wissen, dass die Insel an schönen Frühjahrssonntagen vom Mittag bis gegen Abend ziemlich voll ist, dann gehen Sie außerhalb dieser Zeiten hin: morgens oder abends, werktags und bei wechselhaftem Wetter, im Herbst oder gar im Winter. Und wenn die Massen sich darauf konzentrieren, wo es am farbenprächtigsten blüht, gehen Sie in den höher gelegenen Teil der Insel, wo Sie sich im Arboretum mit über 150 Jahre alten Bäumen unterhalten können, die ab 1856 hier gepflanzt wurden.

Die Gastronomie der Mainau ist sehr vielfältig: vom 📍 **Café Vergissmeinnicht** (Integrationsbetrieb, beim Schmetterlingshaus) über das elegante 📍 **Schlosscafé** (im Südflügel des Schlosses) bis zum Restaurant 📍 **Comturey** an der Ostseite, mit großer Glasfront Richtung Meersburg.

www.mainau.de

Für eine ruhige Minute: Rosengarten auf der Mainau.

KAPITEL N° 1

Besonderes

Konstanzer Rekorde und Superlative

Fast jede Stadt wirbt mit ihren Alleinstellungsmerkmalen, Rekorden und Superlativen. Konstanz hat eine ganze Menge davon, seriöse und kuriose. Eine kleine Auswahl:

Das Konstanzer Konzil (1414-1418) gilt als größter europäischer Kongress des Mittelalters. Im Konzilgebäude fand die einzige Papstwahl auf deutschem Boden statt, die eigentlichen Beschlüsse wurden im Münster gefasst, dabei auch die Verurteilung eines der bedeutendsten Reformatoren, Jan Hus.

Die Fähre nach Meersburg ist das größte Binnenschifffahrtsunternehmen Europas, gemessen an der Zahl der auf einer Strecke beförderten Personen und Fahrzeugen.

Der Weihnachtsmarkt im Dezember gilt als einer der größten und schönsten Weihnachtsmärkte Süddeutschlands.

Konstanz hat mit den großen, auf ganz einfache Zeichen reduzierten Tarot-Figuren die einzige Kunstgrenze und mit der Imperia das einzige »Hurendenkmal« der Welt.

Zu den eher fraglichen Rekorden gehört die »älteste Bühne Deutschlands«, als die sich das Stadttheater bezeichnet, weil es hier ab 1609 in der Jesuitenschule schon Schülertheater gab.

Das Konzilsgebäude mit Zeppelin-Denkmal.

Die Kunstgrenze zwischen Kreuzlingen und Konstanz.

KREUZLINGEN

Die Schweizer Nachbarstadt sieht von oben aus wie die Konstanzer Südstadt, wie ein südliches Pendant zu Petershausen: Kreuzlingen hat gerade mal ein Viertel der Einwohnerzahl von Konstanz, weder eine Altstadt noch eine Innenstadt direkt am Seeufer. Sie hat aber die größere und schönere Seeuferanlage, die von der Grenze bis zum Seemuseum reicht. Oberhalb der Uferanlage liegt der Seepark, mit Kräutergarten, kleinem Tierpark und einem Barfußweg.

Die heutige Stadt ging aus einem Augustiner-Chorherrenstift hervor, das nach dem Dreißigjährigen Krieg im heutigen Zentrum neu erbaut wurde. Eine wenig bekannte Sehenswürdigkeit in der ehemaligen Klosterkirche ist die riesige Ölberg-Szenerie in der großen linken Seitenkapelle, mit fast 300 geschnitzten Holzfiguren von 1720-1730. In der früheren Kornschütte des Klosters am Ufer ist das Seemuseum, das die kulturgeschichtlichen Aspekte des Bodensees zeigt: Fischfang, Schifffahrt und Tourismus – die Naturkunde findet man im Bodensee-Naturmuseum in Konstanz (im Sealife-Center).

Auch das Hinterland von Kreuzlingen ist einen Spaziergang wert: Drei Tobel geben Einblicke in die jüngste Erdgeschichte, durch den westlichen verläuft der Jakobsweg (im Thurgau als »Schwabenweg«) an der neobarocken Stephanskirche (sehenswerte Majolika-Ausstattung) vorbei zur Kapelle Bernrain.

www.kreuzlingen.ch

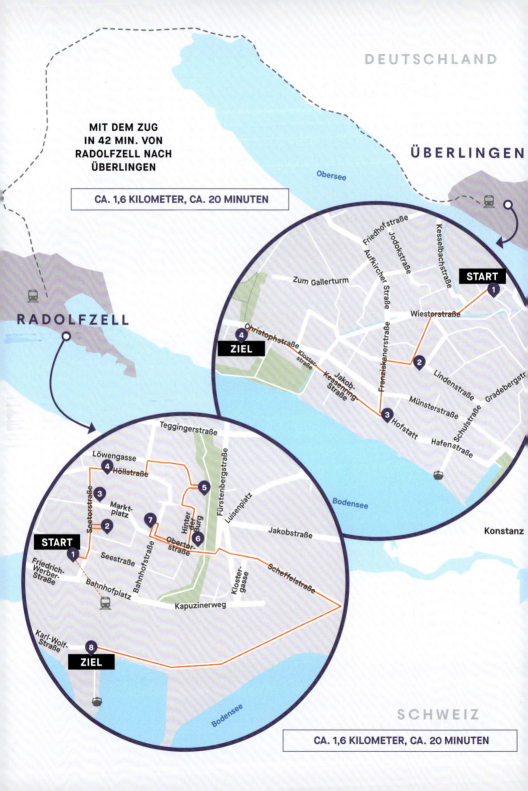

ZWEI STÄDTE MIT LANGEM UFER

Vom Zeller See über Bodman-Ludwigshafen an den Überlinger See

ÜBERLINGEN

- **START** — ① **HAUPTBAHNHOF**
  - CA. 900 METER, CA. 11 MINUTEN
- ② **MÜNSTER,** *Münsterplatz 1*
  - CA. 270 METER, CA. 3 MINUTEN
- ③ **LANDUNGSPLATZ**
  - CA. 400 METER, CA. 4 MINUTEN
- **ZIEL** — ④ **KURSAAL,** *Christophstraße 2B*

RADOLFZELL

- **START** — ① **STADTMUSEUM,** *Seetorstraße 3*
  - CA. 140 METER, CA. 2 MINUTEN
- ② **MÜNSTER**
  - CA. 45 METER, CA. 1 MINUTE
- ③ **EISCAFÉ TIRAMISU,** *Marktplatz 1*
  - CA. 140 METER, CA. 1 MINUTE
- ④ **LIESELE,** *Höllstraße 3*
  - CA. 180 METER, CA. 2 MINUTEN
- ⑤ **STADTGARTEN,** *Höllturm-Passage 2*
  - CA. 120 METER, CA. 2 MINUTEN
- ⑥ **BUCHHANDLUNG AM OBERTOR,** *Obertorstraße 7*
  - CA. 90 METER, CA. 1 MINUTE
- ⑦ **STADTBIBLIOTHEK,** *Marktplatz 8*
  - CA. 900 METER, CA. 11 MINUTEN
- **ZIEL** — ⑧ **HAFENMOLE,** *Karl-Wolf-Straße 5*

KAPITEL N° 2

Radolfzell & Überlingen

Obwohl sie sich an zwei verschiedenen Teilen des Bodensees erstrecken, haben die Städte Radolfzell (am Untersee) und Überlingen (am nördlichen Seeufer) vieles gemein: Beide Städte haben ihrem See den Namen gegeben – Radolfzell liegt am Zeller See, Überlingen am Überlinger See. Beide orientieren sich jeweils nach Südsüdwesten, zur Sonne des frühen Nachmittags. Radolfzell, um 826 von Bischof Radolt von Verona gegründet, ist etwas größer und von Konstanz, Singen und Friedrichshafen aus gut zu erreichen, während Überlingen, das schon im frühen 7. Jahrhundert erwähnt wird, kleiner ist, aber einst eine Kreisstadt war, woran das wieder beliebte Autokennzeichen »ÜB« erinnert. Wie Radolfzell seit den 90er-Jahren als Natur- und Umweltstadt gilt, hat auch Überlingen den Ruf einer »grünen« Stadt und einer Hochburg der Anthroposophie. Die etwa 30 Kilometer lange Fahrtstrecke zwischen den beiden Städten gehört zu den schönsten am See, egal, ob Sie mit dem Rad, mit dem Auto oder mit dem Zug fahren.

RADOLFZELL

Der Spaziergang durch Radolfzell führt vom Bahnhof aus in die Seetorstraße. Auf deren linker Seite ist seit 2006 das 📍 **Stadtmuseum** in der ehemaligen Stadtapotheke aus dem 17. Jahrhundert eingerichtet.

Die Seetorstraße bringt Sie direkt zum 📍 **Münster,** an dem eine Gedenktafel an die kampflose Übergabe der Stadt an die Franzosen zu Ende des Zweiten Weltkriegs erinnert. Das Münster Unserer Lieben Frau ist ein gotischer Bau aus dem 15. Jahrhundert, innen barockisiert, mit dem »Hausherrenaltar« von 1750. Das 📍 **Eiscafé Tiramisu** ist der schönste Ort, um das Treiben am Münsterplatz zu beobachten.

Die Seetorstraße quert die Höllstraße. Dort bietet das Restaurant 📍 **Liesele** schwäbische Küche – auf schwäbischer »Schpeisekarde« (mit Übersetzung ins Hochdeutsche). Durch die Löwengasse gelangen Sie zur Höllturmpassage und am Höllturm, einem Eckpfeiler der ehemaligen Stadtbefestigung, vorbei hinunter in den 📍 **Stadtgarten** hinter der Stadtmauer. Diesen kleinen, mit Blumenrabatten schön angelegten Park bezeichnete der Dichter Joseph Viktor von Scheffel als den »schönsten Wartesaal Deutschlands« – zu einer Zeit, als es noch keine Taktfahrpläne gab und man noch Muße zwischen den Zügen hatte. Beim Obertor im Süden steigen Sie aus dem ehemaligen Stadtgraben wieder nach oben: Die 📍 **Buchhandlung am Obertor** versorgt Sie mit Lektüre über die Region.

Nach einem Besuch des Österreichischen Schlösschens, heute 📍 **Bibliothek** gehen Sie durch Bahnhofstraße und Unterführung zum See. An der 📍 **Hafenmole** können Sie unter subtil zugeschnittenen Platanen sitzen und an der Figur El Niño den Wasserstand ablesen oder die Werke des Stein-Balance-Künstlers Josef Bögle bewundern.

El Niño bei Niedrigwasser.

SEHENSWERTES

🟢 Stadtbibliothek ♿
Marktplatz 8
www.radolfzell-stadtbibliothek.de
Die städtische Bibliothek hat mit dem Österreichischen Schlösschen wohl das schönste Gebäude, in dem am Bodensee eine Bibliothek untergebracht ist. Seit dem Umbau 2015 ist sie nicht nur bis oben barrierefrei, sondern hat auch im ausgebauten Speicher eine Leseecke mit Aussicht über die ganze Stadt und auf den See.
Barrierefrei

🟢 Mettnau
Strandbadstraße
Die Halbinsel ist vor allem durch die Mettnau-Kur bekannt, unter dem Motto »Gesundheit durch Bewegung«. Der hintere, östliche Teil der Mettnau ist ein 140 Hektar großes Naturschutzgebiet, das als Brutstätte von Wasservögeln bedeutend ist. In den Sommermonaten (15.4.– 31.8.) ist das Gebiet gesperrt, aber im Rest des Jahres lohnt sich ein Spaziergang bis zur Spitze, vor allem bei niedrigem Wasserstand im Winter.

🟢 Mindelsee
Südöstlich von Radolfzell-Möggingen
Auf dem etwa sechs Kilometer langen Wanderweg rund um den Mindelsee kann man die vielfältig kultivierte Landschaft des Bodanrücks noch als Naturlandschaft erleben. Nach dem Prinzip »Man sieht nur, was man weiß« sollten Sie vorher das BUND-Zentrum im Ortszentrum von Möggingen besuchen.
www.bund-bawue.de
Teilweise barrierefrei, auch auf unbefestigten Wegen

ESSEN & TRINKEN

🟢 Strandcafé Mettnau
Strandbadstr. 102
www.strandcafe-mettnau.de
Das Strandcafé auf der Halbinsel Mettnau ist eines der wenigen Lokale, die nicht nur eine Terrasse am See, sondern eine Terrasse über dem See haben. Wer hier einen Bodenseefisch isst, kann genau sehen, wo er herkommt. Blick über den Zeller See auf die Höri und den Schiener Berg.

🟢 Safran BioBistro
Löwengasse 22
www.biocatering-safran.de
Das BioBistro Safran liegt am Gerberplatz, etwas versteckt am nordwestlichen Rand der Altstadt. Das Motto der Inhaberin Tina Laakmann ist »Kochen mit dem 7. Sinn«. Es bedeutet, eine kreative, feine Bio-Küche mit Aromen von Europa bis zum Fernen Osten anzubieten.

Nah am Wasser: Strandcafé auf der Mettnau.

📍 Seehörnle ♿
Hörnliweg 14, Gaienhofen-Horn
www.seehoernle.de
Das Gasthaus Seehörnle, zwischen dem Ortskern von Horn und dem See, ist ein moderner Inklusionsbetrieb, in dem es manchmal etwas länger dauern kann, aber die gute regionale Küche ist das Warten wert.
Barrierefrei

📍 Café Hanser
August-Ruf-Str. 4, Singen
www.conditorei-cafehanser.com
Wie das gallische Dorf von Asterix von den Römern ist das Café Hanser von dem Einkaufszentrum CANO umgeben. Es ist nicht nur wegen der nach traditionellen Rezepten hergestellten Kuchen und Torten einen Besuch wert, sondern auch wegen seiner original erhaltenen Einrichtung von 1934.

Infos

Stadt Radolfzell:
www.radolfzell.de

Touristische Informationen:
www.radolfzell-tourismus.de

Westlicher Bodensee (Untersee + Hegau):
www.bodenseewest.eu

HOTELS

📍 Bora Hot Spa Resort Hotel ♿
Karl-Wolf-Str. 35
www.bora-hotsparesort.de
Zuerst gab es hier am westlichen Stadtrand nur eine Saunalandschaft mit Restaurant. Seit ein paar Jahren gehört dazu auch ein Hotel, das durch seine Fassadenverkleidung mit schräg stehenden Holzstäben an die etwas chaotisch wachsenden Bäume der Umgebung angepasst ist.
Barrierefrei

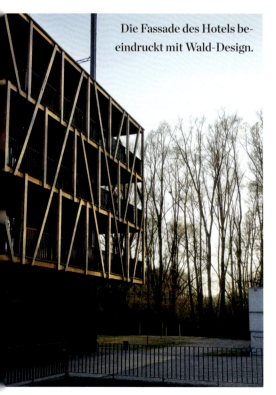

Die Fassade des Hotels beeindruckt mit Wald-Design.

📍 Aquaturm-Hotel
Güttingerstr. 15
www.aquaturm.de
Das Hotel in dem umgebauten Wasserturm ist als Passivhaus ein Musterbeispiel für ökologische Modernisierung. Die Aussicht über die Stadt aus den oberen Etagen ist den Preis wert.
Bedingt barrierefrei

EINKAUFEN

📍 Carolin Engel | Hüte Mützen Accessoires
Seestr. 14
www.engelhuete.de
Die persönliche Beratung ihrer Kunden ist für die ehemalige Bildhauerin das A und O. Erst wenn Form, Farbe, Material und Funktion des Hutes passen, erfüllt sich ihr Prinzip »Hut macht Laune« – sei es als Panama-, Stroh- oder Basthut im Sommer oder als Filzhut, Strickmütze oder Stirnband im Winter.

📍 Keramikatelier Ulli Beholz
Kirchgasse 16
ceramica.ullibeholz.de
Werkstatt für handgedrehte Steinzeugkeramik zum täglichen Gebrauch – seien es dreieckige Schüsselchen, ovale Vasen, Kelche ... Die Keramikerin Ulli Beholz gestaltet Kunst in Ton und fertigt Objekte nach den Vorstellungen ihrer Kunden.

4 Fragen an
HERMANN MAIER

Der Singener Unternehmer Hermann Maier besitzt zusammen mit seiner Frau eine beachtliche Oldtimer-Sammlung, die sie seit Mitte der 1970er-Jahre zusammengetragen haben. Nachdem die Fahrzeuge lange nur in der Tiefgarage untergebracht waren, ist eine Auswahl davon seit Herbst 2013 im Museum MAC 1 zu sehen, seit Sommer 2019 auch im MAC 2. Beide Museen verkörpern das Konzept »alte Autos und moderne Kunst« – in spektakulärer Architektur.
www.museum-art-cars.com, Parkstraße 1, Singen

❶ Herr Maier, wenn Sie mit einem Ihrer Oldtimer einen Sonntagsausflug machen wollen, was sind Ihre Lieblingsstrecken?
Auf jeden Fall weg vom See, die Straßen zwischen den Uferorten sind immer überlaufen. Deshalb fahren wir gerne in den Hegau, von Singen aus zum Beispiel über Hilzingen und Watterdingen Richtung Randen. Dieser dünn besiedelte Höhenzug ist ein wunderbares Gebiet, um mit Oldtimern zu fahren.

❷ Und in der Schweiz?
Auf Schweizer Seite fahren wir Richtung Stein am Rhein, aber dann an dem Touristenzentrum vorbei nach Unterstammheim. Da kehren wir oft im Hirschen ein, der nicht nur wegen seiner Küche, sondern auch als Baudenkmal den Besuch wert ist. Von da geht es dann durch das Stammertal und über den Seerücken nach Steckborn am Untersee. Das Napoleonschloss Arenenberg ist oft ein schöner Abschluss.

❸ Mit welchen Oldtimern machen Sie solche Ausflüge?
Dafür nehmen wir meistens den Bentley von 1936. Und im Sommer fahren wir mit dem Jaguar E von 1961.

❹ Spricht ein Museum mit Oldtimern eher ältere Besucher an?
Ja, wir haben viele Besucher, die so alt sind wie die Autos. Aber durch die Kunst kommt auch ein jüngeres Publikum, vor allem wegen der Videoinstallationen im MAC 2.

KAPITEL N° 2

SINGEN

Die Industriestadt am Hohentwiel hat sich in den letzten Jahrzehnten zu einem kulturellen Zentrum entwickelt. Dafür stehen das Kunstmuseum und das Archäologische Hegaumuseum, Kulturstätten wie die GEMS und das Theater Färbe, Kunstwerke im öffentlichen Raum und die Museen MAC 1 und MAC 2, die Oldtimer und Kunst zeigen.

Tipp

Wer mit dem Zug von Radolfzell nach Überlingen fährt, kann alle zwei Stunden den schnellen IRE nehmen (16 min, ohne Halt) oder jede Stunde die Regionalbahn »Seehäsle«. Diese zweite Möglichkeit dauert etwas länger, hat aber den Vorteil, dass die Bahn auch bei der Station Überlingen-Therme (früher Überlingen-West) hält, wo der neu angelegte Uferpark der Landesgartenschau 2021 beginnt.

Hohentwiel mit kleinem Wasserkraftwerk an der Aach.

Die Landesgartenschau mit der Kapelle Goldbach.

ÜBERLINGEN

Seit der Eröffnung des Stadtgartens 1875 hat Überlingen den Ruf einer Gartenstadt. Als klimatisch begünstigter Kurort der »besseren Kreise« nannte man die Stadt auch »Klein-Nizza am Bodensee«. Seit 2005 führt ein Gartenkulturpfad in einem Halbkreis um die Stadt, teilweise schön schattig, durch den Graben hinter der alten Stadtmauer. Für die Landesgartenschau 2021 wurde das Ufergelände zwischen der Therme und der Silvesterkapelle Goldbach parkartig angelegt. Wer am **Hauptbahnhof** aussteigt, steht erst einmal in einem Graben. Oben jedoch empfängt Sie der Rosenobelturm aus dem Jahr 1657. Ein Gang durch die Spitalgasse, am Münster (14.–16. Jh.) vorbei, zum **Landungsplatz** führt durch viele Jahrhunderte Stadtgeschichte: Im Jahr 2020 feiert Überlingen sein 1250-jähriges Bestehen. Abwechslungsreich zieht sich das Seeufer von Peter Lenks »Bodensee-Reiter« nach Westen, zum historischen Zeughaus und dem **Kursaal** aus den 50er-Jahren zum Landesgartenschau-Gelände.

Infos

Stadt Überlingen:
www.ueberlingen.de

Touristische Informationen:
www.ueberlingen-bodensee.de

Landesgartenschau 2021:
www.ueberlingen2020.de

Liebevoll bepflanzte Uferpromenade in Überlingen.

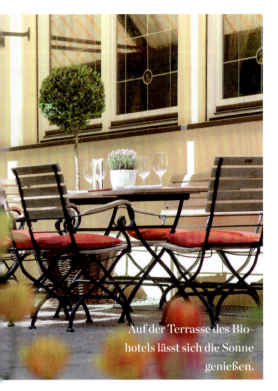
Auf der Terrasse des Biohotels lässt sich die Sonne genießen.

HOTELS

📍 Biohotel Mohren ♿
Kirchgasse 1, Deggenhausertal Limpach
www.biohotel-mohren.de
Aus dem Landgasthof oberhalb des Deggenhausertals wurde in den 80er-/90er-Jahren ein Biohotel. Als erstes Haus am Bodensee zeichnete Michelin das Restaurant mit dem »Grünen Stern« für Nachhaltigkeit aus.
Barrierefrei

EINKAUFEN

📍 Lehenhof-Bioladen ♿
Fieteweg 1,
Deggenhausertal-Untersiggingen
www.lehenhof-bioladen.de
Da die Behinderteneinrichtung Dorfgemeinschaft Lehenhof weitab liegt, verlegte sie ihren Laden in das erste Dorf des Deggenhausertals. Hier verkauft sie Gemüse, Backwaren, Käse und vieles mehr aus eigener Herstellung.
Barrierefrei

ESSEN & TRINKEN

📍 Naturata ♿
Rengoldshauser Str. 21, Überlingen
www.naturata-gmbh.de
Die Naturata ist eine Institution im Raum Überlingen: Biorestaurant, Bioladen, Hotel und mehr – in einem außergewöhnlichen Bau mit organischer Holzarchitektur. Sie ist etwas abgelegen, aber in passender Umgebung, mit anthroposophischen Einrichtungen in der Nachbarschaft.
Barrierefrei

📍 Überlinger Antiquariat
Turmgasse 8, Überlingen
www.ueberlinger-antiquariat.de
Mehr Bücher als im Antiquariat von Bernd Wiese kann man in einem Raum wohl kaum unterbringen. Zusätzlich gibt es eine ausgezeichnete Beratung.
Nicht barrierefrei

RADOLFZELL & ÜBERLINGEN

INTERVIEW MIT
Gaby Hauptmann

Gaby Hauptmann lebt als freie Journalistin und erfolgreiche Schriftstellerin in Allensbach. Ihre Liebe zum Bodensee führt sie zu versteckten Plätzen, großartigen Köchen und durch malerische Seestädte.

Sie volontierten in Konstanz beim Südkurier und eröffneten früh ein Pressebüro in Lindau. Unterscheidet sich das Lebensgefühl in den beiden Städten?

Beide Städte bestechen durch schöne alte Häuser. So bringen einen sowohl das Alte Rathaus in Lindau als auch das alte Konstanzer Rathaus durch ihre prächtig bemalten Fassaden zum Stehenbleiben – vor allem der Renaissance-Innenhof des Konstanzer Rathauses. In beiden Städten flanieren die Menschen gern durch die malerischen Gassen und genießen die warmen Sommertage bis tief in die Nacht.

Was sollte man in Konstanz unbedingt unternehmen?

Natürlich muss man das Konzilgebäude am Hafen besuchen, denn dort zankten sich ab 1409 drei Päpste um die alleinige Herrschaft. Von 1414 bis 1418 tagte dann das Konklave zur Papstwahl. Was die

In der Residenz Seeterrasse gibt es regionale Speisen mit Zutaten direkt vom See.

»Imperia« an der Hafeneinfahrt damit zu tun hat, lässt man sich am besten von einem kundigen Konstanzer Stadtführer erzählen. (Meine Empfehlung: Daniel Gross, Handy-Nr. +49 177 35 9 35 11, keine Einzelpersonen).

Sehenswert ist auch der Kaiserbrunnen auf der Marktstätte, unter anderem wegen des Bildnisses der Mailänder Herzogs-Tochter Bianca Maria Sforza, Gattin des Habsburger Kaisers Maximilian I. Da der 1507 die Rechnung für ein rauschendes Fest nicht zahlen konnte, ließ er Bianca – der Sage nach – als Pfand zurück. Ob sie danach überhaupt noch aus Konstanz wegwollte, ist fraglich und leider nicht überliefert.

Natürlich muss man die Konstanzer Niederburg sehen, den Stadtteil zwischen der alten Bischofskirche und dem Rhein, nördlich vom Münster, der eine Zeitreise ins Mittelalter erlaubt. Die kleinen Häuser in der Konradigasse zeugen von dem damaligen intimen Zusammenleben, und das Kloster Zoffingen ist ein letztes Relikt aus jener tiefgläubigen Zeit.

Wenn Sie dann noch Puste haben, gehen Sie ins Rosgartenmuseum. Es geht auf den Apotheker Ludwig Leiner zurück, der es 1870 gründete und Teile seiner Privatsammlung darin ausstellte.

In welchen Läden gehen Sie am liebsten bummeln?

Es sind die kleinen Läden, die beide Städte ausmachen. Man findet sie überall in den Gassen, und wer sich Zeit nimmt, kann Schätze entdecken. Noch haben die großen Ketten das individuelle Leben nicht verdrängt. In der früher völlig unbeachteten Konstanzer Neugasse blüht mit einem Nougatgeschäft, einem Goldschmied, kleinen Cafés und einem Blumengeschäft gerade neues, südlich angehauchtes Leben auf. Sowohl in Lindau als auch in Konstanz machen die Kunstauktionen von Michael Zeller und Carlo Karrenbauer viel Spaß.

Auf welche kulinarischen Entdeckungen sollte man am See nicht verzichten?
Natürlich werden sich fast alle auf einen Bodenseefisch freuen. Im Obersee schwimmen rund 36 Fischarten. Beliebt sind vor allem der Felchen, der Seesaibling, Seeforelle, Zander und Hecht. Auch für Fische gelten Schonzeiten, es gibt sie also nicht immer. Berühmt ist die Bisonherde, die sich auf

> „
> *Wer sich Zeit nimmt, kann Schätze entdecken.*
> —

dem Bodanrück zwischen Überlinger- und Untersee stetig vermehrt: Ende Oktober / Anfang November genießt man ihr Fleisch während der »Bisonwoche« auf dem Hochplateau in der »Bisonstube Bodenwald« und in ausgewählten Restaurants.

Haben Sie einen Lieblingsplatz, um mit Blick auf den See einen Kaffee zu genießen?
Ja, ich gehe einfach auf meinen Balkon. Wenn ich Musik dazu möchte: Ein paar Meter weiter gibt es die vom Kulturbüro organisierten Sommerveranstaltungen »umsonst&draußen« im Seegarten (Jazz, Rock, Theater u. v. m.) mit ausgewählten Künstlern. Dort liegt auch das Seegarten-Restaurant, wie es überhaupt in Allensbach gute, abwechslungsreiche Gastronomie gibt. Manchmal zieht es mich zu meinem alten Freund Harry Leissner nach Wangen auf der Höri. Sein Hotelrestaurant Residenz Seeterrasse liegt fantastisch, und seine Küche ist das, was ich liebe – heimatverbunden, kreativ, großartig im Geschmack. Bei den Bodenseefischen gilt auf seiner Speisekarte: »Es hat, solange es hat.« Punkt.

Das Rosgartenmuseum in Konstanz mit idyllischem Innenhof.

FRIEDRICHSHAFEN & RAVENSBURG

OBERSCHWABEN AM SEE UND IM HINTERLAND

Die »Geißbockbahn« verbindet die Zeppelinstadt mit der Heimat der Ravensburger Spiele

RAVENSBURG

START — 1 — **HAUPTBAHNHOF**

CA. 500 METER, CA. 7 MINUTEN

2 — **ST. JODOK,** *Eisenbahnstraße 20*

CA. 400 METER, CA. 5 MINUTEN

3 — **CAFÉ CENTRAL,** *Marienplatz 48*

CA. 200 METER, CA. 3 MINUTEN

4 — **MARIENPLATZ,** *Eisenbahnstraße 20*

CA. 200 METER, CA. 3 MINUTEN

5 — **KONDITOREI CHOCOLATERIE HENGER,** *Marktstraße 10*

CA. 80 METER, CA. 1 MINUTE

6 — **BUCHHANDLUNG ANNA RAHM,** *Marktstraße 43*

CA. 20 METER, CA. 1 MINUTE

ZIEL — 7 — **MUSEUM HUMPIS-QUARTIER,** *Marktstraße 45*

FRIEDRICHSHAFEN

START — 1 — **HAFENBAHNHOF / ZEPPELIN MUSEUM,** *Seestraße 22*

CA. 400 METER, CA. 3 MINUTEN

2 — **MOLETURM**

CA. 850 METER, CA. 11 MINUTEN

3 — **UFERANLANGE**

CA. 1.200 METER, CA. 13 MINUTEN

ZIEL — 4 — **GRAF-ZEPPELIN-HAUS,** *Olgastraße 20*

KAPITEL N° 3

Friedrichshafen & Ravensburg

Die moderne Industriestadt Friedrichshafen und die historische Stadt Ravensburg mit ihren Türmen – größer könnte der Gegensatz kaum sein. Aber beide Städte wurden im Mittelalter gegründet, und auch Ravensburg ist industriell geprägt. Bis zur Bombardierung im April 1944 hatte auch Friedrichshafen, das 1811 aus Buchhorn und dem Kloster Hofen entstanden war, eine Altstadt mit schmalen Fachwerkhäusern. Friedrichshafen und Ravensburg liegen 18 Kilometer Luftlinie voneinander entfernt: Mit dem Zug überwindet man diese Distanz schneller als mit dem Auto: mit schnellen Zügen, die nur am Flughafen Friedrichshafen halten, und der langsameren »Geißbock-Bahn«, einer Art S-Bahn. Diese hat ihren schönen Namen von dem bekannten Volkslied »Auf de schwäb'sche Eisebahne«. Die kulturelle Verbindung vermittelt auch das von beiden Städten gemeinsam herausgegebene monatliche Kulturmagazin *Stadtlandsee* – Friedrichshafen liegt am Bodensee, und Ravensburg orientiert sich dorthin.

FRIEDRICHSHAFEN

Am Friedrichshafener Hafen kommen die Katamarane aus Konstanz und die Fähren von Romanshorn an, am Hafenbahnhof endet die Geißbock-Bahn – beginnen wir also hier. Das Hauptgebäude des 🟠 **Hafenbahnhofs,** das parallel zum Hafenbecken steht, wurde 1996 als 🟠 **Zeppelin Museum** für Technik und Kunst eröffnet.

Geht man auf der Uferpromenade nach Westen, folgt nach der Buchhandlung RavensBuch (Karlstraße 42) ein Lokal nach dem anderen, von Trendlokalen bis zu Eiscafés, zum Beispiel das Roma (Seestraße 5). Der 22,5 Meter hohe 🟠 **Moleturm** wacht über die Hafeneinfahrt. Er bietet einen guten Blick über die Innenstadt und weit darüber hinaus. Die 🟠 **Uferanlage** zwischen der 1944 zerstörten und nach Kriegsende neu aufgebauten Altstadt und dem Graf-Zeppelin-Haus ist ein »Gesamtkunstwerk« aus großen Bäumen und Blumenrabatten, zwischen denen zahlreiche Denkmäler stehen, darunter das Zeppelin-Denkmal sowie ein Kriegerdenkmal mit dem seltenen Motiv des Soldaten, der sich selbst den verletzten Arm verbindet.

Am Zeppelin-Denkmal vorbei erreichen Sie das 🟠 **Graf-Zeppelin-Haus,** das städtische Konzert- und Kongresszentrum aus den 1980er-Jahren, das schon unter Denkmalschutz steht. Es ist trotz seiner Größe relativ flach gebaut – und sollte den Blick auf das Schloss nicht beeinträchtigen.

Ein bei Touristen kaum bekannter Ort ist das Schlosshorn, der dreieckige Platz südlich der Türme der Schlosskirche. Hier ist der öffentliche Weg zu Ende, und es gibt auch weder Café noch Kiosk, nur ein paar Bänke, um in der Sonne zu sitzen und auf den See hinauszuschauen.

www.friedrichshafen.de

Vom Moleturm haben Sie Aussicht über den See und die Innenstadt.

INTERVIEW MIT
Franz Schwarzbauer
—

Franz Schwarzbauer war, nachdem er in Konstanz studiert hatte, von 1993 bis 2003 in Meersburg als Kulturamtsleiter tätig; danach wirkte er von 2003 bis 2019 in gleicher Funktion in Ravensburg.

Wie ist das Verhältnis der Ravensburger zum See – und wie ist es zu Friedrichshafen?
Die Ravensburger haben ein anderes Verhältnis zu Friedrichshafen als zum See. Die Stadt Friedrichshafen ist natürlich auch ein Mitbewerber, ein Konkurrent um Arbeitsplätze und Aufträge. Trotzdem gibt es viele Formen der Zusammenarbeit, auf interkommunaler Ebene beispielsweise, im Kulturbereich, wo das gemeinsame Monatsmagazin *Stadtlandsee* herausgegeben wird; auch die Duale Hochschule hat da wie dort einen Standort. Und den See lieben die Ravensburger, viele verbringen dort Stunden ihrer Freizeit, ob am Ufer oder auf dem Wasser. Und fahren hinterher wieder gerne in ihre vertraute Stadt zurück.

Was zeichnet Ravensburg kulturell vor anderen Städten der Region aus?
Der sichtbarste Ausdruck ist die Altstadt. Ravensburg verfügt über eine eindrucksvolle, gut erhaltene mittelal-

terlich geprägte Altstadt, die ihrerseits Zeugnis ablegt von der einstigen Größe der Stadt als Freier Reichsstadt. Dieser Bürgerstolz ist der Grund, warum diese Altstadt so gut erhalten geblieben ist, er ist bis heute das Kapital, von dem Ravensburg zehrt. Dieser Zusammenhalt hat eine vielfältige und lebendige Vereinskultur hervorgebracht. Ein Beispiel gefällig? Die Zehntscheuer, wo anspruchsvolle Kleinkunst geboten wird.

Wie ist Ravensburg zu dem architektonisch bemerkenswerten Kunstmuseum gekommen?
Es war wieder dieses ungewöhnliche Zusammenspiel von privatem Engagement und kommunaler Verantwortung. Die Sammlung von Peter und Gudrun Selinka, in deren Zentrum die Kunst des Expressionismus steht, bildet den Grundstock des Museums. Das Bauunternehmen Reisch, aus dem benachbarten Bad Saulgau, hat das Architekturbüro Lederer + Ragnarsdóttir + Oei beauftragt, und die Stadt hat sich verpflichtet, das Ganze mit Leben zu füllen; sie tut dies seit März 2013, seit der Eröffnung, mit großem Erfolg.

Welche Orte und Sehenswürdigkeiten im Oberland empfehlen Sie außerhalb von Ravensburg?
Da hat man die Qual der Wahl, ganz sicher. Wolfegg mit dem Bauernhaus-Museum und dem Schloss sind hier zu nennen, Bad Waldsee ist einen Ausflug wert, immer die Basilika in Weingarten oder auch das Wurzacher Ried. Aber eine Besonderheit will ich nicht vergessen: die Kirche Mariä Himmelfahrt in Baienfurt, eine »blaue Kirche«, in den 1920er-Jahren erbaut, deren Stil zwischen Expressionismus und Anthroposophie osziliert.

Blick von der Veitsburg hinunter auf die Altstadt.

Zeppelin im Tiefflug über dem Hafen und dem Zeppelin Museum.

SEHENSWERTES

Zeppelin Museum
Seestr. 22
www.zeppelin-museum.de
Dem Zeppelin – und der frühen Eisenbahnanbindung – verdankt Friedrichshafen seinen industriellen Aufschwung und Wohlstand. Deshalb ist er auch das zentrale Thema des Museums, das seit 1996 im Hafenbahnhof angesiedelt ist. Den künstlerischen Part dieses Technik+Kunst-Museums – eine Kombination wie auch beim MAC in Singen – spielt hier eine Sammlung, die vom späten Mittelalter über die klassische Moderne (Max Ackermann, Otto Dix) bis zur zeitgenössischen Kunst reicht.
Barrierefrei

St. Petrus Canisius
Katharinenstr. 14 / Charlottenstraße
Die mit dunklen Klinkern verkleidete Kirche ist eine der wenigen expressionistischen Kirchen am Bodensee. Das zeigt sich besonders innen an der Ausmalung in kräftigen Blau- und Gelbtönen, die bei der letzten Renovierung 1996 wiederhergestellt wurde.
Barrierefrei

Eriskircher Ried
Naturschutzzentrum Eriskirch
www.naz-eriskirch.de
Den größten Gegensatz zu der Industrie- und Messestadt finden Sie etwa eine Stunde von der Innenstadt entfernt im Osten: Das Eriskircher Ried ist vor allem im Mai/Juni, wenn die

blühenden Sibirischen Schwertlilien das ganze Feuchtgebiet intensiv blau färben, die kleine Wanderung wert. Das Naturschutzzentrum im ehemaligen Bahnhof informiert über die ökologischen Zusammenhänge. Wenn Sie im Winter, bei niedrigem Wasserstand, einen kürzeren Spaziergang in die gleiche Richtung machen wollen: Bei der Mündung der Rotach in den See (ca. 1 km vom Hafenbahnhof) erstreckt sich eine Landschaft wie das Wattenmeer, nur ohne Gezeiten.

Bedingt barrierefrei

ESSEN & TRINKEN

📍 **Restaurant im Zeppelin Museum**
Seestr. 22
www.zeppelin-museum-restaurant.de
Das Restaurant passt wie kaum ein anderes zum Inhalt des Museums, weil das Ambiente innen aus den 30er-Jahren, der Blütezeit der Zeppeline, stammt, mit vielen original erhaltenen Details. Außerdem haben Sie von den Fensterplätzen freie Sicht auf den Hafen, den See und die Berge – und auf dem Teller gute schwäbische Küche.

Raus aus der Stadt, rein in das Naturschutzgebiet Eriskircher Ried.

Seehof ♿
Bachstr. 15, Immenstaad
www.seehof-hotel.de
Wenn Schwaben gut essen wollten, sind sie früher oft nach Baden gefahren. Heute müssen sie das nicht mehr, denn hier haben sie ein nahes, lohnendes Ziel: Der Seehof mit seiner Badischen Weinstube ist eine bewährte Adresse für gehobene Regionalküche, im Sommer auf einer großen Seeterrasse.
Barrierefrei

Schwedi
Schwedi 1, Langenargen
www.hotel-schwedi.de
Auf der anderen Seite von Friedrichshafen, an der Schussenmündung, finden Sie ein Restaurant, das durch eigenen Fischfang eine große Auswahl an Fischgerichten bietet: jeweils mehrere Gerichte von Felchen, Hecht, Zander und anderen.

EINKAUFEN

Weber & Weiss
Wilhelmstr. 23
www.weber-weiss.de
Die Konditorei Confiserie Weber & Weiss hat das ganze Sortiment an Kuchen und Torten, handgefertigten Pralinen und Grand-Cru-Schokoladenspezialitäten, dazu kommen noch kleine Zeppeline in den verschiedensten Formen und Größen – ein beliebtes Mitbringsel.

Buchhandlung Fiederer
Wilhelmstr. 19
www.buchhandlung-fiederer.de
Die inhabergeführte Buchhandlung mitten in der Innenstadt legt den Schwerpunkt auf Reisen und Regionales. Hier finden Sie alles über das Bodenseeland und Oberschwaben. Thomas Fiederer empfiehlt gerne Bücher, die nicht auf den Bestsellerlisten stehen.

Der Blick in die Buchhandlung Fiederer.

RAVENSBURG

Ravensburg wurde im Zweiten Weltkrieg nicht zerbombt, die schöne Vielzahl seiner Türme und Fachwerkhäuser blieb erhalten. Die ersten sehen Sie, sobald Sie vom Bahnhof aus die Eisenbahnstraße bis zur Karlstraße gegangen sind. Die Pfarrkirche 🔸 **St. Jodok** stammt bereits aus dem 14. Jahrhundert und war früher die Kirche der Unterstadt. Die autofreie Straße, auf die Sie bald treffen, ist der Marienplatz, die krumme Nord-Süd-Achse der Altstadt. An ihm laden mehrere Cafés zu einer ersten Pause, z. B. das 🔸 **Café Central** oder das Kupferle (*Marienplatz 20*). Der Platz wird im Süden durch den 🔸 **Blaserturm** und das barocke Lederhaus mit der Tourist-Information abgeschlossen.

Der Spaziergang geht links vom roten Rathaus mit dem Treppengiebel auf der schmaleren Marktstraße weiter. Die 🔸 **Patisserie und Chocolaterie Henger** (*Nr. 10*) bietet hausgemachte Süßigkeiten; reichlich geistige Nahrung bietet dann die 🔸 **Buchhandlung Anna Rahm**. Danach sind Sie schon mitten im Ravensburger Museumsviertel: Links, hinter der dunklen Fassade mit dem Erkerturm, liegt der große Komplex des Museums 🔸 **Humpis-Quartier.** Ihm gegenüber informiert das Wirtschaftsmuseum über die Ökonomiegeschichte Oberschwabens, daneben zeigt das Museum Ravensburger die Produkte des gleichnamigen Spieleverlags (*Marktstraße 26*). Um die Ecke in der Burgstraße finden Sie das Kunstmuseum mit zeitgenössischer Kunst. Nach diesen Anregungen können Sie sich ins Restaurant Humpis setzen – die Stadtwirtschaft im Museum. Beim Obertor, dem ältesten Stadttor Ravensburgs, stehen Sie am höchsten Punkt der Altstadt – höher ist nur die Veitsburg.

Der Blick vom »Mehlsack« führt nach Nordosten über die Altstadt.

Das Museum Humpis-Quartier mit überdachtem Innenhof.

SEHENSWERTES

🟠 Veitsburg

Zu einem Besuch von Ravensburg gehört die Besteigung des alten Wehrturms »Mehlsack« eigentlich dazu. Wen seine Stufen abschrecken, der kann auf der Veitsburgstraße oder dem Philosophenweg relativ bequem auf die Veitsburg gehen. Da oben haben Sie einen weiten Blick über die Stadt und das Umland, sind genau auf Augenhöhe mit den Zinnen des Mehlsacks und können bei schönem Wetter auf der Terrasse des Restaurants Veitsburg sitzen.

🟠 Museum Humpis-Quartier

Marktstr. 45

www.museum-humpis-quartier.de

Das Humpis-Quartier ist ein ganzer Komplex spätmittelalterlicher Häuser, die ein überdachter Innenhof verbindet. Der Name bezieht sich auf die Humpis, eine der einflussreichsten Kaufmannsfamilien Mitteleuropas im 14. bis 16. Jahrhundert. Damit verbindet das Museum Wirtschafts- und Sozialgeschichte, Verkehrs- und Kulturgeschichte.

🟠 Besuch in Weingarten

Die Stadt Ravensburg empfiehlt bei ihren Wandervorschlägen, den Besuch in der Nachbarstadt Weingarten mit einer einstündigen Stadtwanderung abseits der Hauptstraßen zu verbinden (statt mit dem Bus hinzufahren). Das Ziel ist die größte Barockkirche nördlich der Alpen, die Basilika des früheren Benediktinerklosters. Sehenswert in Weingarten sind auch der multifunktionelle Stadtgarten und das Alamannenmuseum.

🟠 Stiller Bach ♿
Weingarten

Im östlichen Hinterland von Weingarten fließt der Stille Bach so leise, dass man nicht das geringste Plätschern hört, denn er ist kein natürlicher Bach, sondern ein Kanalsystem, das im späten Mittelalter für das Kloster angelegt wurde und das Wasser von entfernten Quellen den Mahl-, Säge- und Ölmühlen beim Kloster zuführte. Das ging nur durch den Bau von Kanälen mit möglichst geringem Gefälle – so entstanden Wege, die fast eben und deshalb bequem zu gehen sind. Die Kanalgeschichte illustriert ein Wasserbauhistorischer Wanderweg, der beim Freibad Nessenreben anfängt.

Barrierefrei

ESSEN & TRINKEN

🟠 Lumperhof
Lumper 1
www.lumperhof.de

Wenn Sie in Ravensburg oberschwäbische Küche auf hohem Niveau genießen wollen, sollten Sie einen Ausflug zum Lumperhof machen (ca. 2 km Richtung Schlier), der sich innerhalb einer Generation auf Gourmet-Niveau hochgearbeitet hat. Der Aussiedlerhof geht auf das 15. Jahrhundert zurück. Im Garten sitzen Sie unter einer über 160 Jahre alten Linde.

EINKAUFEN

🟠 Buchhandlung Anna Rahm
Marktstr. 43
www.mit-buechern-unterwegs.de

Mit einer Schaufensterfront von wenigen Metern ist die Buchhandlung von Anna Rahm klein, aber mit der ideenreichen Art der Präsentation im Laden und den regelmäßigen Lesungen ist sie wohl die originellste von Ravensburg. Der Name der Website verweist auf den Bücherbus als Vorgeschichte der Buchhandlung – auch virtuell lohnt der Besuch.

Für vielfältige Literatur und spannende Lesungen: die Buchhandlung von Anna Rahm.

KAPITEL N° 3

INTERVIEW MIT
Prof. Peter Berthold

Prof. Dr. Peter Berthold ist der ehemalige Direktor der Vogelwarte Radolfzell, die zum Max-Planck-Institut für Verhaltensbiologie gehört.

Wie sind Sie zum Thema Vögel gekommen, was fasziniert Sie daran?
Das hat schon eine sehr lange Geschichte, die in meiner ostsächsischen Heimatstadt Zittau begann. Schon als 13-jähriger Junge fing ich mit einer Falle kleine Vögel, und als im November 1952 eine Kohlmeise in der Falle hing, die an einem Fuß einen Aluminiumring der Vogelwarte Radolfzell trug, war das für mich der Zugang zur weiten Welt der Vogelbeobachtung. Ich wollte Vogelforscher werden, und schon drei Jahre später war ich freiwilliger Mitarbeiter der Vogelwarte in Möggingen (seit 1974 ein Stadtteil von Radolfzell). Deshalb konnte ich schon 2016 meine 60 Jahre dort feiern.

Wie hängen die Vögel (der Region) mit der übrigen Tierwelt zusammen – und welche Bedeutung haben sie für die Menschen am Bodensee?
Bei den Vögeln zeigt sich die gegenseitige Abhängigkeit mit Landschaft und der

Tier- und Pflanzenwelt noch deutlicher als bei anderen Lebewesen. Vögel fliegen, schwimmen und tauchen bei der Nahrungssuche, sie ernähren sich von Kleinlebewesen vom Boden, aus dem Wasser und aus der Luft, von Insekten, Fröschen und Fischen. Wo die Vögel genug Nahrung finden, ist auch die übrige Tierwelt intakt. Wer die Vögel schützt, erhält zugleich die ökologische Vielfalt – und umgekehrt. Ein gutes Zeichen für dieses Verständnis der Zusammenhänge war auch die Umbenennung des früheren Deutschen Bunds für Vogelschutz zum Naturschutzbund Deutschland (NABU) im Jahr 1990.

Am Billafinger Weiher lässt sich die Natur in Ruhe genießen.

Warum ist die Bodenseeregion bei Zugvögeln so beliebt?
Der Bodensee hat generell für Vögel ein ideales Nahrungsangebot. Im Gegensatz zu Gebirgsseen ist er von weitläufigen Sumpfgebieten und Riedflächen umgeben, und die Flachwasserzonen reichen weit in den See hinaus, vor allem am Untersee. Für die Zugvögel aus dem Norden Europas ist der See eine geografisch günstig gelegene Zwischenstation auf dem Weg nach Westafrika. Andere Gründe haben die Zugvögel nicht – sie sind nicht da, um uns zu gefallen.

Welche Naturlandschaften empfehlen Sie den LeserInnen, um die Natur zu erleben, speziell die Vogelwelt?
Naturschutzgebiete waren früher reine Schutzgebiete, also Reservate für die Tier- und Pflanzenwelt. Heute hat fast jedes Naturschutzgebiet auch eine pädagogische Funktion, mit Infotafeln, Lehrpfaden und Aussichtsplätzen. Gehen Sie also dahin, wo die Natur gut erklärt wird. Für die Ried- und Flachwasserzonen zwischen Konstanz, Allensbach und der Reichenau ist die Aussichtsplattform auf der Ruine Schopflen der ideale Ort. Von dieser sieht man auch das Ermatinger Becken, in dem sich im Winter viele Zugvögel aufhalten. Und ich empfehle natürlich auch das Biotop Billafinger Weiher.

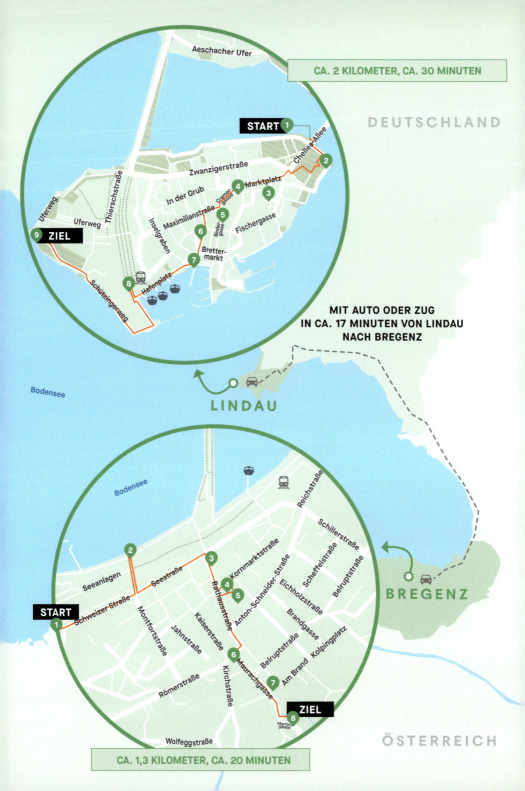

LINDAU & BREGENZ

ZWEI STÄDTE AM OSTENDE DES SEES

Von der bayerischen Stadt im See zur österreichischen Stadt am Berg

LINDAU

START — **1** **SEEBRÜCKE**
CA. 300 METER, CA. 3 MINUTEN
2 **SPIELBANK,** *Chelles-Allee 1*
CA. 280 METER, CA. 3 MINUTEN
3 **STADTPFARRKIRCHEN,** *Marktplatz 8*
CA. 70 METER, CA. 1 MINUTE
4 **HAUS ZUM CAVAZZEN (STADTMUSEUM),** *Marktplatz 6*
CA. 160 METER, CA. 2 MINUTEN
5 **WIRTSHAUS ZUM SÜNFZEN,** *Maximilianstraße 1*
CA. 200 METER, CA. 3 MINUTEN
6 **LINDAVIA-BRUNNEN,** *Reichsplatz*
CA. 140 METER, CA. 2 MINUTEN
7 **MANGTURM,** *Hafenplatz 2*
CA. 350 METER, CA. 5 MINUTEN
8 **BAHNHOF,** *Bahnhofplatz 1*
CA. 850 METER, CA. 10 MINUTEN
ZIEL — **9** **PULVERTURM,** *Uferweg 15*

BREGENZ

START — **1** **HAUPTBAHNHOF**
CA. 350 METER, CA. 5 MINUTEN
2 **FISCHERSTEG,** *Seeanlagen*
CA. 270 METER, CA. 3 MINUTEN
3 **MILCHPILZ,** *Seestraße 1*
CA. 130 METER, CA. 2 MINUTEN
4 **KORNMARKTPLATZ**
CA. 10 METER, CA. 1 MINUTE
5 **THEATERCAFÉ TROY,** *Kornmarktplatz 4*
CA. 220 METER, CA. 3 MINUTEN
6 **LEUTBÜHEL (STADTPLATZ)**
CA. 80 METER, CA. 1 MINUTE
7 **MAURACHGASSE**
CA. 170 METER, CA. 2 MINUTEN
ZIEL — **8** **MARTINSTURM,** *Martinsgasse 3b*

KAPITEL N⁰ 4

—

Lindau & Bregenz

—

Lindau, die Stadt im und am Bodensee (auf der Insel und auf dem Festland), ist der Brückenkopf Bayerns am Bodensee und damit im Einzugsbereich des Rheins, Bregenz hat etwa die gleiche Rolle für Österreich. Es ist dazu die Hauptstadt des Landes Vorarlberg, das von Wien aus gesehen »Hinterarlberg« heißen könnte. Beide Städte haben eine römische Vorgeschichte, Brigantium war allerdings viel bedeutender als die römischen Siedlungen auf dem Lindauer Festland bei Aeschach. Beide Städte sind auf den ersten Blick fast gleich groß, doch das etwas größere Bregenz ist auch das Zentrum einer Agglomeration, die – je nach Abgrenzung – zwischen 60.000 und 100.000 Einwohner umfasst. Die beiden Nachbarn sind durch eine regelmäßige Zugverbindung von österreichischer Seite her verknüpft, im Halbstundentakt mit REX und S-Bahn in jeweils 12 Minuten. Außerdem verkehrt in der Saison bis zu zehnmal am Tag ein Schiff zwischen ihnen.

—

LINDAU

In Lindau empfiehlt es sich, die Insel von Ost nach West zu durchqueren, da die Seebrücke in der Nähe des neuen Fernbahnhofs Reutin und des nächsten Parkplatzes auf dem Festland liegt. Es ist ein Spaziergang vom geschäftigen, belebten zum ruhigeren Teil der Insel.

Auf der 📍 **Seebrücke** gehen Sie am besten auf der linken Seite auf die Insel, denn da haben Sie schon die beste Sicht auf die Vorarlberger Nachbarschaft: Der Pfänder ist ziemlich genau in einem rechten Winkel zur Brücke zu sehen. Die 📍 **Spielbank** im seeseitigen Teil des Stadtgartens ist ein markanter zylinderförmiger Bau, so rund wie das Rouletterad; von der Terrasse des Restaurants Cantinetta al Lago (Chelles-Allees 1) kann man schön auf den Pfänder schauen. Über die Schmiedgasse kommen Sie zum Kirchplatz, auf dem katholische Stadtpfarrkirche 📍 **St. Marien** und sowie ihr evangelisches Pendant **St. Stephan** einträchtig nebeneinanderstehen. Am Marktplatz, den beiden Kirchen gegenüber, prangt das barocke 📍 **Haus zum Cavazzen** mit seiner Trompe-l'œil-Malerei. Es beherbergt das sehenswerte Stadtmuseum.

Vom Marktplatz kommen Sie über die Cramergasse etwas verwinkelt zur 📍 **Maximilianstraße,** der breiten Fußgängerstraße mitten in der Altstadt. Das 📍 **Wirtshaus zum Sünfzen** in einem alten Patrizierhaus (14. Jh.) ist eine Einkehr wert, bevor Sie durch die Salzgasse zum 📍 **Lindavia-Brunnen** gehen, dessen Bronzefiguren die Gewerbe darstellen, die den Reichtum der Stadt begründeten:

Bild im Gegenlicht fotografiert zeigt die Silhouette der Hafeneinfahrt.

Die Villa Lindenhof mit Grünanlage.

Schifffahrt, Fischerei, Wein- und Gartenbau sowie Ackerbau.

Beim 🟢 **Mangturm,** einem Leuchtturm aus dem 12. Jahrhundert, erreichen Sie das Hafenbecken, links der Jachthafen, rechts die Anlegestege der Kursschiffe. Der Blick auf die Hafeneinfahrt mit dem Lindauer Löwen und dem Neuen Leuchtturm ist ein Postkartenmotiv, das mit den ein- und ausfahrenden Schiffen in Bewegung kommt. Nach dem Bahnhofsgebäude geht es an der Westseite des Hafenbeckens zum Restaurant 🟢 **Eil.Gut.Halle** (Schützingerweg 2), bei dem man schön draußen am See sitzen kann und von dort dann weiter auf die Hintere Insel. Der Uferweg von der südlichsten Spitze der Insel an der Karlsbastion vorbei zum 🟢 **Pulverturm** ist einer der schönsten am östlichen Bodensee, vor allem wenn man dann in der Abendsonne am Ufer sitzt.

www.lindau.de

KUNST & KULTUR

friedens räume
Lindenhofweg 25
www.friedens-raeume.de
Das von Pax Christi 1980 in der Villa Lindenhof eröffnete Friedensmuseum wurde 1999 gründlich modernisiert und trägt seitdem seinen unkonventionellen Namen. Die Ausstellung lädt dazu ein, sich mit den geistigen und sinnlichen Erfahrungen von Gewalt, Krieg und Frieden auseinanderzusetzen. Der Park zwischen der 1845 erbauten Villa und dem See ist eine der schönsten Grünanlagen am Bodensee.
Barrierefrei

EINKAUFEN

 Buchcafé Augustin
Fischergasse 33
www.altemoellersche.de
Eine Café-Ecke haben inzwischen viele Buchhandlungen, aber das Buch-Café Augustin fühlt sich an wie ein großes, altmodisch möbliertes Wohnzimmer mit raumhohen Bücherregalen und dem vollen Angebot eines Cafés, ohne dass es auf Kosten der Bücherauswahl geht. Wer trotzdem mehr Bücher sucht, kann die drei anderen Läden der Altemöller'schen Buchhandlung aufsuchen.

 Passt
Ludwigstr. 17
www.passt-lindau.de
Die Boutique in der Nähe des Hafens ist schon alleine wegen der originellen Erweiterung des Namens zu »Sitzt, passt, wackelt & hat Luft« über dem Eingang einen Besuch wert, aber auch, um sich bei den bekannten Damenmodemarken wie Camper, Oilily u. a. umzuschauen.

Wussten Sie, …

… dass die Strecke zwischen Lindau und Bregenz auch ein abwechslungsreicher Wanderweg ist? Von der Seebrücke aus führt der Weg an der Riedlandschaft entlang, am Strandbad vorbei, wieder durch eine Naturlandschaft zur Grenze. Auf österreichischer Seite kommt wieder ein Auenwald, nach dem Jachthafen von Lochau das Hotel am Kaiserstrand. Nach dem Lochauer Strandbad wird es zwischen Berghang und See enger, aber der Platz reicht für einen öffentlichen Strand – bis zur Mili, der alten Militär-Badeanstalt von Bregenz (13km).

BREGENZ

Vom 🟢 **Bahnhof** aus könnten Sie in drei Minuten beim Festspielhaus und der Seebühne sein, aber Sie wollen ja die Stadt kennenlernen. Deshalb wenden Sie sich am Ufer nach rechts und sehen bald mit dem 🟢 **Fischersteg** einen der bekanntesten Bregenzer Orte, in den Sommermonaten ist er eine Freiluft-Bar. Um die Weite des Sees besser zu erfahren, gehen Sie weiter auf den Molo (d.h. die Mole) hinaus. Auf dem Weg zurück in die Innenstadt überqueren Sie beim 🟢 **Milchpilz,** einem Kiosk im Fliegenpilz-Design aus den 50er-Jahren, die Bahnlinie.

Auf dem 🟢 **Kornmarktplatz** wird dienstags und freitags Gemüse und Obst verkauft, er verbindet aber auch wichtige Kultureinrichtungen: An seiner Nordseite stehen das Vorarlberg Museum, das Vorarlberger Landestheater und das Kunsthaus – und diesen gegenüber sehen Sie das 🟢 **Theatercafé Troy.** Rechts neben diesem führt die Rathausstraße am Rathaus vorbei zum Stadtplatz 🟢 **Leutbühel,** wo am Samstag der kleine Wochenmarkt abgehalten wird.

Durch die leicht ansteigende historische 🟢 **Maurachgasse** mit Häusern aus dem 13. Jahrhundert und auf dem steileren Stadtsteig geht es in die 🟢 **Oberstadt,** die nur gut 30 Meter über dem See liegt, aber schon eine weite Aussicht bietet. Sie ist eine Altstadt, wie es sie kein zweites Mal gibt, denn hier gibt es weder Geschäfte noch Gasthäuser, nur die alten Wohnhäuser mit ihren kleinen Gärten. Der 🟢 **Martinsturm** an der Nordseite der Oberstadt ist eines der Wahrzeichen von Bregenz: Er enthält ein kleines stadtgeschichtliches Museum und bietet vom obersten Geschoss aus einen umfassenden Rundblick.

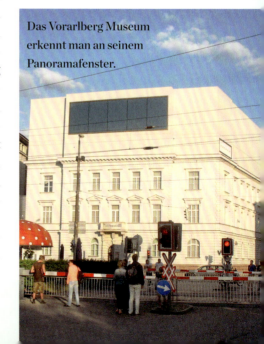

Das Vorarlberg Museum erkennt man an seinem Panoramafenster.

Der perfekte Platz für eine Rast auf dem Gipfel des Hochbergs.

PFÄNDER & HOCHBERG (1069 M)

―

Der Pfänder ist der beliebte Hausberg von Bregenz, bequem mit der Seilbahn zu erreichen. Wenn Sie ihn schon kennen und es lieber etwas ruhiger haben wollen: Von Lochau fährt alle zwei Stunden ein Bus nach Eichenberg (800 m). Von dort geht es auf einem guten Wanderweg in etwa einer Stunde auf den Hochberg, auf dem nur ein Kreuz und eine Bank stehen – und er ist sogar fünf Meter höher als der Pfänder. Auf dem Rückweg können Sie im Ortsteil Lutzenreute beim **Gasthof Paradies** (Lutzenreute 62, 6911 Eichenberg) auf der Terrasse sitzen, vielleicht zwei Palatschinken verspeisen und dort dann wieder in den Bus steigen.

www.pfaender.at

SEHENSWERT

Kunsthaus
Karl-Tizian-Platz 1
www.kunsthaus-bregenz.at
Das 1997 eröffnete Kunsthaus hat Bregenz durch seine Architektur von Peter Zumthor auf Weltniveau befördert. Durch seine einfache Form ist es zu einer Ikone der Vorarlberger Baukunst geworden. Seine drei Ausstellungsräume sind – im doppelten Sinn – für große Kunst geeignet und werden jedes Jahr mit vier Ausstellungen zeitgenössischer Kunst bespielt. Wenn Sie aus der Höhe des obersten Stockwerks auf den See schauen wollen, müssen Sie in das Vorarlberg Museum gehen, denn das hat oben ein großes Panoramafenster – und ist ebenfalls einen Besuch wert.
Barrierefrei

ESSEN & TRINKEN

Goldener Hirschen
Kirchstr. 8
www.goldenerhirschen.at
Das Restaurant mit dem schön traditionellen Namen ist in einem alten, denkmalgeschützten Gebäude an der Straße zur Galluskirche. Hier bekommen Sie österreichische Hausmannskost, vor

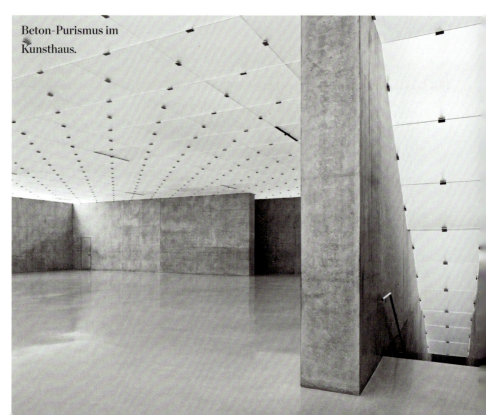
Beton-Purismus im Kunsthaus.

allem Rindfleischspezialitäten, aber auch Kässpätzle (mit Bergkäse aus dem Bregenzerwald) und die ganze Palette österreichischer Desserts.

🟢 Theatercafé ♿
Kornmarktplatz 4
www.theatercafe.at
Das Café am Kornmarkt bezieht sich mit seinem Namen auf das Landestheater gegenüber. Zu ihm gehören aber auch die Cafés im Kunsthaus und im Vorarlberg Museum. Damit umfasst der Betrieb gastronomisch die drei wichtigsten Säulen der Bregenzer Kultur! Das Café selbst wird natürlich auch von Gästen besucht, die einfach nur den Kaffee und das Tortenangebot schätzen.
Barrierefrei

EINKAUFEN

🟢 World of Wolford ♿
Wolfordstr. 1
www.wolford.com
Von den Vorarlberger Textilfirmen ist Wolford wohl die berühmteste, nicht zuletzt durch Kooperationen mit Designern wie Karl Lagerfeld und Fotografen wie Helmut Newton. Die Fabrikboutique mit Bistro-Café ist in einem auch architektonisch ansprechenden Bau mit riesigen Glasflächen, ein Outlet ist gegenüber.
Barrierefrei

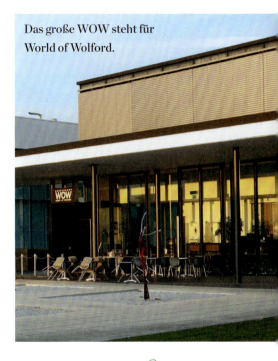

Das große WOW steht für World of Wolford.

Insider **TIPP**

„
Wenn ich mit dem Motorrad durch den Bregenzerwald fahre, ist es nicht nur wegen der Landschaft, sondern auch wegen der Baukultur. Die Vorarlberger haben auch auf dem Land eine Architekturqualität, von der sich die Deutschen einige Scheiben abschneiden können.
Wolfgang Wollny, ehemaliger Architekt, Bewohner der Tertianum Premium Residences

KAPITEL N° 4

AUSFLUG

KAFFEEHÄUSER
IM VORARLBERGER RHEINTAL

Neben Bregenz sollte man auch drei weitere Städte des Landes kennen. Und kann man österreichische Städte besser kennenlernen als über ihre Kaffeehäuser, die auch heute noch Informationsbörsen sind?

Die Industrie- und Messestadt Dornbirn ist die größte Stadt Vorarlbergs. An ihrem Marktplatz liegt zwischen Stadtkirche und -museum das Café Steinhauser, die »zentrale Anlaufstelle für urbane Zeitgenossen«.

Hohenems war im 19. Jahrhundert die größte jüdische Gemeinde Vorarlbergs. An sie erinnert heute nur noch das sehr gut kuratierte Jüdische Museum. Sein Café versteht sich in der Tradition des ersten, 1797 eröffneten Kaffeehauses in Vorarlberg.

Mit Institutionen wie dem Landesgericht und dem Bischofssitz gilt Feldkirch als heimliche Landeshauptstadt. In seiner Altstadt bietet das Café Zanona als klassisches Wiener Kaffeehaus neben Torten und kleinen Gerichten eine große Auswahl an Zeitungen.

Geheimtipp

CAFÉ STEINHAUSER
Marktplatz 9, Dornbirn
www.cafe-steinhauser.
business.site

CAFÉ IM JÜDISCHEN MUSEUM
Schweizer Str. 5, Hohenems
www.jm-hohenems.at

CAFÉ ZANONA
Montfortgasse 3, Feldkirch
www.zanona.at

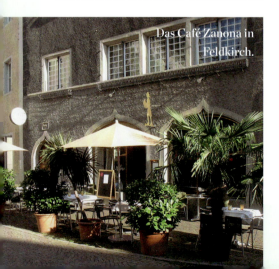

Das Café Zanona in Feldkirch.

LINDAU & BREGENZ

INTERVIEW MIT
Sieghard Baier
—

Sieghard Baier ist geboren in der Alpenstadt Bludenz, studierte in Innsbruck, Paris und Birmingham. Die letzten 30 Berufsjahre war er Landestourismusdirektor des Bundeslandes Vorarlberg (bis 2003).

Welche ist Ihre Lieblingsstadt in Vorarlberg?

Für mich ist Feldkirch die schönste Stadt des Landes. Sie liegt am Durchbruch der Ill ins Rheintal und ist so das Tor zum Arlberg und zum Montafon. Mit ihrem mittelalterlichen Stadtkern, der Domkirche und der majestätischen Schattenburg (13. Jh.) ist sie die ideale Verbindung von Geschichte und Landschaft.

Wo hat man die beste Aussicht auf den See?

In und bei Bregenz müssen Sie erst mal in die Höhe gehen, um die Lage der Stadt wirklich zu erfassen. Auf den Pfänder können Sie bequem mit der Seilbahn fahren (oder sportlich zu Fuß), von seinem Gipfelplateau haben Sie einen traumhaften Fernblick über See und Alpen. An seiner Nordseite thront 400 Meter über dem See das

Panoramadorf Eichenberg mit dem Gasthof Schönblick (Dorf 6), der für mich eine der attraktivsten Aussichtsterrassen Österreichs hat. Auf dem Gebhardsberg wurde auf den Mauern einer Burgruine ein weitläufiges Gastlokal errichtet, das durch die Lage auf der Ecke zum Tal der Bregenzer Ache und 200 Meter über dem See einer der besten Aussichtsplätze ist (Gebhardsbergstraße 1). Aber auch von der Seebühne der Bregenzer Festspiele aus hat man einen herrlichen Rundblick über das »Schwäbische Meer«.

Was sollte man zwischen den beiden Polen Bregenz und Feldkirch kennen?
Hohenems hat eine lange Geschichte, von der das Gräfliche Schloss zeugt, in dem auch Teile des Nibelungenlieds gefunden wurden, aber es ist die jüngste Stadt des Landes. Heute ist Hohenems vor allem durch das **Jüdische Museum** (Schweizer Str. 5) und die Schubertiade bekannt. Die Wirtschaftsmetropole Dornbirn ist touristisch etwas unterschätzt. Wer die Natur der Region kennenlernen will, geht am besten erst in das Naturmuseum **INATURA** (Jahngasse 9), dann in die wildromantische Rappenlochschlucht, als Kontrastpunkt am Weg vielleicht noch in das **Rolls-Royce Museum** (Gütle 10).

Welche sind Ihre Lieblingslokale?
In der Innenstadt von Bregenz das **Café Götze** (Kaiserstraße 9), mein Lieblingscafé, weiter Richtung Oberstadt kehre ich gerne im altehrwürdigen **Maurachbund** (Maurachgasse 11)

Schanerlochbrücke bei Dornbirn: moderne Architektur in wilder Natur.

Der Martinsturm in der Bregenzer Oberstadt.

ein, da er mit seinem Heurigen Wiener Flair in die Stadt bringt. Am Hang des Gebhardsbergs besuche ich sommers gerne die 📍 **Buschenschank** (Langenerstraße 5) des Winzers Sepp Möth (die einzige Vorarlbergs), um den heimischen Wein zu genießen. Und um richtig gut essen zu gehen, fahre ich nach Lochau ins 📍 **Mangold** (Pfänderstraße 3), das meiner Meinung nach das beste Restaurant in der Region des Vorarlberger Rheintals ist.

Vorarlberg hat nur einen kleinen Anteil am Bodenseeufer. Welche Qualitäten hat die Uferlandschaft?
Der See ist überall frei zugänglich. Das markanteste Element des Ufers ist die Seebühne der Bregenzer Festspiele, die größte der Welt. Westlich von Bregenz mündet der Rhein in den See und bildet das größte Süßwasserdelta Europas, mit einem Vogelschutzgebiet, in dem schon über 300 Vogelarten gezählt wurden.

ST. GALLEN

DIE METROPOLE DER OSTSCHWEIZ
—

St. Gallen hat etwa so viele Erker an den Fassaden
wie Treppen an den Hängen.

START

1. **BAHNHOF,** *Bahnhofplatz 8B*
   CA. 450 METER, CA. 5 MINUTEN
2. **STADTLOUNGE / ROTER PLATZ,** *Raiffeisenplatz 2*
   CA. 350 METER, CA. 4 MINUTEN
3. **GALLUSPLATZ,** *Gallusstrasse 24*
   CA. 70 METER, CA. 1 MINUTE
4. **BUCHHANDLUNG ZUR ROSE,** *Gallusstrasse 18*
   CA. 180 METER, CA. 2 MINUTEN
5. **KIRCHE ST. LAURENZEN,** *Marktgasse 25*
   CA. 10 METER, CA. 1 MINUTE
6. **PRALINÉ SCHERRER,** *Marktgasse 28*
   CA. 200 METER, CA. 2 MINUTEN
7. **RESTAURANT ZUM SCHLÖSSLI,** *Zeughausgasse 17*
   CA. 500 METER, CA. 5 MINUTEN
8. **THEATER UND TONHALLE,** *Museumstrasse 24/25*
   CA. 100 METER, CA. 1 MINUTE
9. **KUNSTMUSEUM,** *Museumstrasse 32*
   CA. 400 METER, CA. 4 MINUTEN
10. **WAAGHAUS,** *Bohl 14*
    CA. 220 METER, CA. 2 MINUTEN
11. **BUSWARTEHALLE VON SANTIAGO CALATRAVA,** *Marktplatz*
    CA. 100 METER, CA. 1 MINUTE
12. **VADIAN-STATUE,** *Neugasse 2*
    CA. 300 METER, CA. 3 MINUTEN
13. **CONFISERIE ROGGWILLER,** *Multergasse 17*
    CA. 180 METER, CA. 2 MINUTEN
14. **TEXTILMUSEUM,** *Vadianstrasse 2*
    CA. 300 METER, CA. 3 MINUTEN
15. **BIBLIOTHEK HAUPTPOST,** *Gutenbergstrasse 2*

ZIEL

KAPITEL N° 5

St. Gallen

Würde man heute eine Hauptstadt der Ostschweiz gründen, würde man sie sicher nicht da anlegen, wo der irische Mönch Gallus im frühen 7. Jahrhundert seine Einsiedelei errichtete. Er wollte alleine, abgeschieden sein, Erreichbarkeit wäre da hinderlich gewesen. Von ihrer Lage zwischen zwei Hügelzügen, halb umflossen von der tief eingeschnittenen Steinach, profitiert die Stadt heute touristisch: Sie hat einen durch seine Vielfalt beeindruckenden Brückenwanderweg und ist seit 2018 die »Stägestadt«, die Stadt der meisten und vielleicht schönsten Treppen der Schweiz. St. Gallen selbst hat zwar etwas weniger Einwohner als Konstanz, bildet aber das Zentrum einer Agglomeration mit mehr als 100.000 Einwohnern. Durch die Blütezeit der Textilindustrie vor dem Ersten Weltkrieg ist das Stadtbild vor allem zwischen Bahnhof und Altstadt großstädtisch. Bedeutende Firmen und Institutionen haben hier ihren Sitz, außerdem die renommierte Universität und das Bundesverwaltungsgericht. Mit seinen Museen und Kultureinrichtungen strahlt St. Gallen weit über den Kanton und die Ostschweiz hinaus.

ST. GALLEN

Der Stadtspaziergang führt vom Bahnhof durch das Banken- und Handelsviertel zum Stiftsbezirk, von dort zum Theater und Museumsviertel, auf dem Rückweg durch die Altstadt.

Vom neobarocken 📍 **Hauptbahnhof** (1913) geht es zuerst nach links über die Kornhausstrasse und wieder links durch die Vadianstrasse zum flächenmäßig größten Kunstwerk der Stadt: Die von der Schweizer Künstlerin Pipilotti Rist und dem Architekten Carlos Martinez gestaltete 📍 **Stadtlounge**, der »Rote Platz« zwischen den Gebäuden der Raiffeisenbank, dient seit 2005 der Stadt als »öffentliches Wohnzimmer« und wird seitdem von Touristen wie Einheimischen vielfältig genutzt. Verweilen Sie etwas und beobachten Sie die Szene.

Über Gartenstrasse, Oberen Graben und Gallusstrasse kommen Sie von Südwesten her zur Kathedrale, wo zuerst der 📍 **Gallusplatz** mit dem Gallusbrunnen an den Gründer des Klosters erinnert. Bei der Tourist-Information an der Ecke Bankstrasse bekommen Sie Informationen zum reichen Kulturleben der Stadt. In der 📍 **Buchhandlung zur Rose** bei der Abzweigung der Rosengasse beraten Sie Leoni Schwendimann und ihr Team profund. Der Stiftsbezirk mit der Kathedrale und der Stiftsbibliothek ist seit 1983 Teil des UNESCO-Weltkulturerbes und einen separaten Besuch wert. Über die Gallusstrasse kommen Sie zur reformierten 📍 **Kirche St. Laurenzen,** die mit ihrem farbig gedeckten Dach von Weitem zu erkennen ist. An der Ecke gegenüber winkt der traditionsreiche Laden 📍 **Praliné Scherrer** mit seinen »süßen Sünden«.

Vom Weg an den Drei Weieren führt der Blick über die Stadt zum See.

In Eile über den Roten Platz der Raiffeisenbank.

Vom belebten Stiftsbezirk geht es durch die ruhigere Zeughausgasse am 🟠 **Restaurant zum Schlössli** vorbei zum Spisertor, dem östlichen Ende der Altstadt. Mit einer Runde durch den Kantonsschulpark gehen Sie hinter dem 🟠 **Theater** vorbei zur 🟠 **Tonhalle (1909)**. Dabei können Sie einen Blick auf das 🟠 **Kunstmuseum** mit dem Gaukler-Brunnen von Max Oertli werfen, wobei das in den Stadtpark eingebettete Museumsviertel mit dem dahinter liegenden Historischen und Völkerkunde-Museum einen Besuch für sich wert sind.

Die Museumsstrasse führt zurück zum 🟠 **Waaghaus** (histor. Kaufhaus, 1585) und zum Marktplatz mit der 🟠 **Buswartehalle** des spanisch-schweizerischen Architekten Santiago Calatrava. In der Marktgasse erinnert die überlebensgroße 🟠 **Vadian-Statue** an den großen Reformator. Vom Bärenplatz geht es durch die Multergasse, die längste gerade Gasse in der Altstadt. Auf halbem Weg ist die 🟠 **Confiserie Roggwiller** mit Wiener Café und in unmittelbarer Nähe auch die Confiserie Sprüngli. Nach dem Oberen Graben gehen Sie geradeaus durch die Vadianstrasse. Auf der rechten Seite ist im Palazzo Rosso das 🟠 **Textilmuseum** mit Tausenden von Exponaten und einer Bibliothek voller Musterbücher angesiedelt. Die Gutenbergstrasse führt Sie passenderweise an der städtischen 🟠 **Bibliothek Hauptpost** vorbei zum Bahnhof zurück.

SEHENSWERT

Stiftsbezirk
Klosterhof
www.stiftsbezirk.ch
Die früheren Klostergebäude und die Kathedrale zeigen den barocken Zustand aus der späten Blütezeit des Klosters, als es von 1755 bis 1768 praktisch neu gebaut wurde. Aus der Hochzeit im Mittelalter, als es mit der Abtei Reichenau um die geistige Führung des deutschsprachigen Raums rivalisierte, stammt dagegen noch ein großer Teil der Bücher und Handschriften, die in der Stiftsbibliothek zu sehen sind – in einem der schönsten Barocksäle der Schweiz.

Textilmuseum
Vadianstr. 2
www.textilmuseum.ch
Die St. Galler Spitzen machten die Textilindustrie und ihr Know-how in der ganzen Welt bekannt und berühmt. Das ist aber nur die »Spitze« einer sehr vielfältigen Branche. Das schon 1878 gegründete Textilmuseum zeigt die Technik-, Wirtschafts- und Sozialgeschichte der St. Galler Textilindustrie. Wer weitere Orte der Ostschweizer Textilindustrie kennenlernen will, kann sich bei St. Gallen Bodensee Tourismus über das »Textilland Ostschweiz« informieren.
st.gallen-bodensee.ch/de/textilland.html

Naturmuseum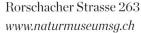
Rorschacher Strasse 263
www.naturmuseumsg.ch
Das St. Galler Naturmuseum ist durch den im November 2016 eröffneten Neubau außerhalb des Museumsviertels, in der Nähe des Botanischen Gartens, noch größer und moderner geworden. Es zeigt mit begehbaren Raumbildern die Tier- und Pflanzenwelt des ganzen Kantons, bis zu prähistorischen Skelettfunden aus den Wildkirchlihöhlen im Säntisgebiet, dazu aktuelle Aspekte der Ökologie.
Barrierefrei

Das Naturmuseum präsentiert sich modern.

Lokremise ♿

Grünbergstr. 7
www.lokremise.ch

Die dreiviertelkreisförmige frühere Lokomotivengarage westlich hinter dem Hauptbahnhof wurde im Herbst 2010 als Kulturzentrum mit Theater, Kino und Ausstellungsraum neu eröffnet. Im mittleren Teil und auf der früheren Drehscheibe im Innenhof kann man aus dem großen Angebot des Restaurants LOKal auswählen. Weil von der ursprünglichen Technik der Lokremise vieles erhalten wurde, ist sie allein als umgenutztes Baudenkmal einen Besuch wert.

Barrierefrei

Drei Weieren

Weil die St. Galler in einer Mulde zwischen zwei Höhenzügen leben, fehlt ihnen im Stadtzentrum die Aussicht, und sie gehen gerne etwas in die Höhe. Die Hügel im Süden sind höher als die im Norden und bieten bei dem Naherholungsgebiet Drei Weieren auch mehr Möglichkeiten. Es ist durch die Mühlegg-Bahn bequem zu erreichen, da sie 70 Meter Aufstieg (zu Fuß oder mit dem Bus) spart. Die beiden größten Weiher sind öffentliche Freibäder. Von ihnen aus führt ein bequemer Spazierweg auf den Freudenberg, wo sich dann nach Westen und Süden das ganze Bergpanorama eröffnet.

Der Mannenweiher, heute für Mann, Frau und Kind.

Wussten Sie, ...

... dass auch St. Gallen einen bedeutenden Reformator hatte? Joachim von Watt, genannt Vadian (1484 – 1551), war nicht nur Theologe, sondern Mediziner, Historiker und ein ganz umfassend gebildeter Humanist. Von 1526 bis zu seinem Tod war er Bürgermeister von St. Gallen und förderte in dieser Zeit die Reformation. Seit 1903 steht das Vadian-Denkmal in der Marktgasse. Die Geschichte der Kirche St. Laurenzen zeigt: Was Calvin für Genf und Zwingli für Zürich ist, das ist Vadian für St. Gallen.

Noch jung, aber im Stil alter Kaffeehäuser.

ESSEN & TRINKEN

📍 Jägerhof
Brühlbleichestr. 11
www.jaegerhof.ch
Vreni Giger hatte als erste Spitzenköchin der Ostschweiz eine regionale Bioküche auf höchstem Niveau etabliert. Seit 2016 führt Agron Lleschi ihr Restaurant weiter, mit den zwei Karten »Aus der Region« und »Aus der Ferne«, und hat sich damit 2020 einen Michelin-Stern erarbeitet.

📍 Restaurant Falkenburg
Falkenburgstr. 25
www.falkenburgsg.ch
Im Schloss Falkenburg (15. Jh.) kann man in themenorientierten Zimmern übernachten. Das moderne Restaurant daneben bietet aus seiner breiten Glasfront und von der Terrasse aus einen umfassenden Blick, vom Roten Platz tief unten bis zum Schwarzwald in der Ferne. Zur gutbürgerlichen Schweizer Küche gibt es eine große, gut sortierte Weinauswahl.

📍 Kaffeehaus
Linsebühlstr. 77
www.kaffeehaus.sg
Wenn Sie einen Kaffee trinken wollen, für den Kaffee-Junkies sogar von Zürich anreisen, müssen Sie in das populäre Linsebühl-Quartier östlich der Altstadt gehen. Gallus Hufenus, der Barista, weiß alles über Kaffee – und als Stadtführer auch alles über St. Gallen.

Als echtes Kaffeehaus bietet das Café auch eine große Auswahl an Zeitungen und Büchern, das Kulturprogramm geht von Literaturlesungen bis zu Tangoabenden.

HOTELS

● Hotel Einstein ♿
Berneggstr. 2
www.einstein.ch
Das 5-Sterne-Hotel in der Nähe des Stiftsbezirks hat sich als erstes Haus am Platz etabliert. Von seinem Restaurant im 5. Obergeschoss hat man eine freie Sicht über die ganze Altstadt, wenn man einen der Tische am Fenster reserviert hat.
Barrierefrei

● Hotel Dom
Webergasse 22
www.hoteldom.ch
Wenn Sie in St. Gallen modern und komfortabel logieren und zugleich ein soziales Projekt unterstützen wollen: Das Hotel Dom ist ein Integrationsbetrieb, der Menschen mit Einschränkungen jedweder Art eine Chance gibt.
Barrierefrei

Mit beeindruckendem Blick auf die Stadt schläft es sich im Hotel Dom.

Ein Ambiente, in dem man es länger aushält: Confiserie Roggwiller.

über hundert Jahre alten Einrichtung (laut Schweizer Heimatschutz) zu den schönsten Cafés der Schweiz.

📍 **Buchhandlung zur Rose**
Gallusstr. 18
www.buchhandlungzurrose.ch
In der kleinen Buchhandlung schräg gegenüber dem Eingang der Stiftskirche finden Sie natürlich alles über die Geschichte des Klosters und der Stadt, aber auch ein gut ausgewähltes Angebot von Büchern aller Gebiete, vor allem neuere Literatur.

EINKAUFEN

📍 **Kündig Feinkost (Käse)**
Webergasse 19
www.kuendigfeinkost.ch
Das Käsespezialitätengeschäft Kündig hat seinen Hauptsitz in Rorschach, ist aber in der ganzen Ostschweiz wohl führend in seiner Branche. Kündig bietet Käse von kleinen Käsereien aus der ganzen Schweiz, die auch erfahrenen Käsefans noch unbekannt sind.

📍 **Confiserie Roggwiller**
Multergasse 17
www.roggwiller.ch
Die Confiserie mitten in der Altstadt ist wohl die beste Adresse, um unter einem großen Angebot der feinen St. Galler Biber auszuwählen. Der Tea Room hinter dem Laden zählt mit seiner teilweise

Tipp

Aéthérée
Bahnhofstr. 15 · www.aetheree.com
(nur Fr./Sa. 10-14 Uhr)

Der (alt-)französische Name des Modelabels steht für die Seele, die mit dem Körper zusammen angezogen werden soll. Die chinesischstämmige Modedesignerin Ly-Ling Vilaysane ist im Appenzellerland aufgewachsen und hat ihr Label in Paris gegründet; seit 2012 ist sie in St. Gallen – schon diese Kombination macht neugierig.
Nicht barrierefrei

Der Höhenweg auf der Grenze von St. Gallen und Appenzell.

AUSFLÜGE

ALTE KONSTANZER STRASSE

In Kreuzlingen gibt es Straßenschilder »Alte St. Galler Strasse«, die auf die Verbindung von Konstanz her hinweisen. Von St. Gallen aus ist der historische Weg umgekehrt mit »Alte Konstanzer Strasse« markiert. Im Norden von St. Gallen können Sie auf den Spuren von Mönchen, Gelehrten und Händlern von der Heiligkreuzkirche aus ein Stück des Weges gehen, bis Wittenbach, Lömmenschwil oder weiter ...

EGGEN-HÖHENWEG

Eine leichte Wanderung im Süden der Stadt zeigt, dass man nicht hoch hinaus muss, um fast endlose Fernsicht zu erleben: Wenn Sie mit der Trogenerbahn bis zur Station Vögelinsegg (938 m) fahren, beginnt dort gleich der Höhenweg, von dem man immer wieder nach links zum Säntis oder nach rechts zum Bodensee sieht. Er hat seinen Namen von mehreren Höfen und Hügeln, die auf »-egg« enden: Waldegg, Schäflisegg, Frölichsegg, von dort Abstieg nach Teufen (ca. 250 Höhenmeter, 2.50 h, 6,4 km).

ST. GALLEN

INTERVIEW MIT
Patrick Fust
—

Der Sekundarschullehrer Patrick Fust bringt als Kursleiter Bewegung in die Schule (www.bewegung-in-die-schule.ch). Er ist aufgrund seiner Begeisterung für lustvolle, einfach umsetzbare Bewegungsmöglichkeiten auch Treppenliebhaber, Leiter der Projektgruppe »Stägestadt« (»Stäge«: Dialektwort für »Treppe«).

Warum ist St. Gallen *die* Treppenstadt geworden?
In der Stadt, die zwischen zwei Hügelzügen eingebettet ist, wurden vor allem um 1900 viele Treppen angelegt, um die Wege für die Fußgänger und Fußgängerinnen abzukürzen. Seither ist St. Gallen mit etwa 13.000 Treppenstufen eine wahre Treppenstadt: Man würde heute die gesamte Stadtbevölkerung auf die öffentlichen Treppen kriegen, wenn alle nah zusammenstehen und sich etwa zu sechst eine Stufe teilen würden. In einem Stadtführer von 1997 heißt es: »Wenn St. Gallerinnen und St. Galler nachts nicht einschlafen können, so ist zu vermuten, dass sie keine Schäfchen, sondern Treppenstufen zählen.«

Die Gesstreppe führt wie eine »Himmelstreppe« zu den Drei Weieren.

Seit 2017 lockt nun die Projektgruppe Stägestadt mit vielen Aktionen auf die Treppen, z. B. mit dem »Stägestadt-Tag« im September. Anerkennung kommt von begeisterten Leuten, im Jahr 2019 auch durch den Gewinn des 1. Preises der Internationalen Bodensee-Konferenz für Gesundheitsförderung und Prävention in der Kategorie »Kreativität«.

Wie kamen Sie zu dem Projekt, was reizt Sie, sich dafür zu engagieren?
Wenn man in St. Gallen wohnt und wie ich sehr gerne zu Fuss geht, trifft man regelmäßig auf Treppen. Diese sind nicht nur zahlreich, sondern auch einfach schön. Darum weist unsere treppenbegeisterte Projektgruppe immer wieder aus unterschiedlichen Perspektiven auf die (St. Galler) Treppen hin – z. B. kulturell, historisch, spielerisch, sportlich, gesundheitlich. Wir möchten möglichst viele Leute nachhaltig zum alltäglichen Treppensteigen verführen und St. Gallen als »Stägestadt« bekannt machen. Es geht uns also um Gesundheits- und Tourismusförderung.

Warum soll gerade die ältere Generation die Treppenwege gehen?
Treppensteigen ist für Jung und Alt Fitnesstraining und Wellnessprogramm –

im Alltag integriert, an der frischen Luft und gratis. Insbesondere für Ältere ist es ein geeignetes Gleichgewichtstraining zur Sturzprävention. Daneben gibt es viele weitere Argumente fürs Treppensteigen: Atmung trainieren, Herz-Kreislauf anregen, Muskeln kräftigen, Ausdauer verbessern, Stoffwechsel ankurbeln, Kalorien verbrennen. Kurz: Man kann sein Wohlbefinden steigern sowie neue Orte und auch Ideen entdecken. So kam der bekannte Volksmusiker und Stägestadt-Botschafter Nicolas Senn auf einer St. Galler Treppe auf die Grundmelodie seines Stücks »Morgestimmig 456« – die Zahl stammt von der Anzahl Treppenstufen auf einem regelmäßig absolvierten Weg.

Treppen steigen ist mühsam – bei welchen Wegen belohnt oben die Aussicht?
Ja, Treppensteigen ist anstrengend. Nicht von ungefähr zeigen Studien, dass das Treppensteigen von 400 Stufen gleich fit macht wie 15 Minuten Joggen. Die meisten langen St. Galler Treppen enden oben auf den Hügelzügen und öffnen den Blick auf die Stadt, den Bodensee und über die Grenzen – z. B. die Gesstreppe, der Falkenburg- und Fluhweg. Über die »Stägestadt«-Website kommt man zu einer Stadtkarte, auf der alle öffentlichen Treppen markiert sind.

> *Es fühlt sich einfach gut an – auf dem obersten Treppchen.*

Bei welchen langen Treppen kommt man auch gut mit Bus oder Bahn ans obere Ende?
Beide Hügelzüge sind mit städtischen Buslinien, der Mühleggbahn (Standseilbahn direkt neben dem Stiftsbezirk) und den Appenzeller Bahnen sehr gut erschlossen.

Manche betreiben das Treppensteigen als Sport – was kann es für Leute mit weniger Kondition sein?
Das Tempo und die Pausen können ja alle selber wählen. Auf Zwischenpodesten kann man durchschnaufen und auf Sitzbänken ganz herunterfahren – vielleicht auch mit neuen Bekanntschaften. Geht man regelmäßig auf die Treppen, wird man schon bald Fortschritte im Leistungsvermögen erzielen. Das macht Lust auf weiteres Hochsteigen – zu guter Form und weitem Blick.

www.staegestadt.ch

FAHRDAUER CA. 5 STUNDEN

OBERSEE-RUNDFAHRT

MIT DEM SCHIFF UM DEN OBERSEE

Die Weiße Flotte verbindet im Sommer große Städte und kleine Hafenorte.

START

1. **KONSTANZ**
   - CA. 30 MINUTEN
2. **MEERSBURG**
   - CA. 15 MINUTEN
3. **HAGNAU**
   - CA. 15 MINUTEN
4. **IMMENSTAAD**
   - CA. 30 MINUTEN
5. **FRIEDRICHSHAFEN (Umstiegshafen)**
   - CA. 25 MINUTEN
6. **LANGENARGEN**
   - CA. 20 MINUTEN
7. **KRESSBRONN**
   - CA. 20 MINUTEN
8. **WASSERBURG**
   - CA. 20 MINUTEN
9. **LINDAU (Umstiegshafen)**
   - CA. 50 MINUTEN
10. **RORSCHACH**
    - CA. 20 MINUTEN
11. **ARBON**
    - CA. 30 MINUTEN
12. **ROMANSHORN (Umstiegshafen)**
    - CA. 40 MINUTEN
13. **ALTNAU (über Kreuzlingen nach Konstanz)**

ZIEL

KAPITEL N° 6

Obersee-Rundfahrt

Der See verbindet seit Jahrtausenden die Menschen an seinen Ufern. Seitdem die Verkehrsverbindungen auf dem Landweg, mit der Bahn und auf der Straße, schneller sind als auf dem Wasserweg, haben die Schiffe vor allem eine touristische Funktion. Von April bis Oktober eröffnen Ihnen die Schiffe der Weißen Flotte einen ganz anderen Blick auf die Landschaft als von den Aussichtspunkten an Land. Und Sie sehen jeweils die Seeseiten der Orte, die in den letzten Jahrzehnten fast überall attraktiver gestaltet wurden. Die Schiffe laufen auch Städte und Dörfer an, die nicht mit zwei Sternen in allen Reiseführern verzeichnet sind: Es gibt noch Raum für eigene Entdeckungen. Dieses Kapitel stellt Uferorte abseits der größeren Städte vor. Dafür machen wir eine Rundfahrt von Konstanz aus im Uhrzeigersinn um den See. Diese Fahrt können Sie auch von anderen Städten aus unternehmen und sie beliebig kombinieren.

Von ● **Konstanz** (Kap.°1) aus fahren die Schiffe durch den Konstanzer Trichter und steuern ab dem Hörnle, das horizontal so in den See ragt wie das Matterhorn vertikal in den Himmel, in nordöstlicher Richtung nach Meersburg. Hier fahren Sie genau auf das Neue Schloss, die frühere Bischofsresidenz, zu – die anderen beiden Barockgebäude sind mehr nach Süden orientiert: das gelbe Staatsweingut (früher bischöflicher Reiterhof) und das rote ehemalige Priesterseminar. An der Hafeneinfahrt sehen Sie eine weitere Skulptur von Peter Lenk, die Magische Säule mit der Dichterin Annette von Droste-Hülshoff.

Bald hinter Meersburg sehen Sie das Weingut und Restaurant ● **Haltnau**, das der Spitalstiftung Konstanz gehört und einen schönen Biergarten hat. Das große Kreuz schräg darüber weist auf die Kriegsgräberstätte Lerchenberg hin, die zum Frieden mahnt; die Anlage ist auch einer der schönsten Aussichtsplätze am Nordufer des Obersees. Nach der Abfahrt vom nächsten Hafen Hagnau erblicken Sie den markanten romanischen Turm der Kirche ● **St. Johann Baptist,** wo der badische Schriftsteller Heinrich Hansjakob 1869 bis 1883 als Pfarrer tätig war. In dieser Zeit gründete er die erste badische Winzergenossenschaft und hinterließ vier uneheliche Kinder.

In ● **Immenstaad** legt das Schiff an einem langen Steg an, der bis zum Bau des Altnauer Stegs der längste am See war. Der Ort ist vor allem durch seine Industrie bekannt (Dornier, Airbus u.a.), ist aber auch ein attraktiver Ferienort. Mehr Industrie ist dann vor Friedrichshafen erkennbar, denn das große Werk 2 des Schiffsmotorenherstellers MTU ist direkt am Wasser gebaut.

Infos

Auf den Schiffen der Weißen Flotte gelten die Tageskarten und Ermäßigungen des ÖPNV nicht (nur in der Schweiz). Die Saisoncard der Bodensee-Schiffsbetriebe lohnt sich schon nach mehreren Fahrten: Sie kostet 250 Euro für Erwachsene, bei Kauf vor Saisonbeginn nur 210 Euro. Ein attraktives Angebot ist auch die Bodensee-Erlebniskarte »Bodensee Card Plus« mit zwei bzw. vier Schifffahrtstagen.
Bodensee-Schiffsbetriebe GmbH, *www.bsb.de*
Schweizerische Bodensee Schifffahrt, *www.sbsag.ch*
Internationale Bodensee Tourismus GmbH, *www.bodensee.eu*

Vor 📍**Friedrichshafen** (Kap. °3) fährt das Schiff nah am Schlosshorn vorbei, hinter der Mauer das Schloss und die doppeltürmige Schlosskirche. Während in Konstanz und Lindau Skulpturen an der Hafeneinfahrt stehen, werden Sie hier von dem gut 22 Meter hohen, frei zugänglichen Moleturm empfangen. Sein Stahlgerippe mit der geschwungenen Wendeltreppe passt bestens zu dieser Technikstadt. Hier kann es manchmal eng werden, da in Friedrichshafen nicht nur die Schiffe der Weißen Flotte anlegen, sondern auch jede Stunde der Katamaran von Konstanz und die Autofähre von Romanshorn.

Der beste Blick auf die Wasserburg vom »Malerwinkel«.

Tipp

Eine größere kombinierte Obersee-Rundfahrt ergibt sich, wenn Sie von Friedrichshafen mit der Fähre nach Romanshorn fahren, wobei der See sich noch mehr als das »Schwäbische Meer« zeigt als auf den Schiffen, die näher am Ufer fahren. Von Romanshorn aus geht es dann mit Zügen um den Obersee – natürlich fast immer mit Seesicht. Mit dem Bodensee-Ticket ist das trotz der Grenzen einfach, und ab 2021 entfällt durch die durchgehende S-Bahn Romanshorn – Lindau auch das Umsteigen in St. Margrethen und Bregenz.

Nach Friedrichshafen wird die Uferlandschaft durch das 📍**Eriskircher Ried** wieder sehr natürlich, und weil Eriskirch keinen Bootshafen hat, sehen Sie den Ort nur aus größerer Entfernung. Was Sie aber an der Farbe des Wassers erkennen, ist die Mündung der Schussen, die bei Bad Schussenried entspringt, an Ravensburg vorbeifließt und hier in den Bodensee mündet. Die nächste Station ist dann 📍**Langenargen**, vor dem Hafen passiert das Schiff noch das Schloss Montfort mit seinem markanten Turm im maurischen Stil. Langenargen liegt an der Westseite des Deltas der Argen, die als Voralpenfluss in den letzten Jahrtausenden viel Geröll in den See transportiert hat. Zu beiden Seiten der Flussmündung sind große Jachthäfen, die östliche Seite gehört schon zu Kressbronn.

Ab Kressbronn, dem letzten württembergischen Hafen, folgen die Haltestellen dichter aufeinander: Am bayerischen Bodenseeufer halten die Schiffe in Nonnenhorn, Wasserburg und Bad Schachen, also ca. alle drei Kilometer. In 📍 **Wasserburg** ist die Anlegestelle an der Spitze der Halbinsel, die bis ins 18. Jahrhundert noch eine Insel war, dann ließen die Fugger einen Damm aufschütten. Die Halbinsel mit der Trilogie von Kirche, Schloss und Malhaus ist ein beliebtes Postkartenmotiv.

Tipp

Von der Landseite sehen Sie die Halbinsel am besten vom Wanderweg von Nonnenhorn her. Die Stelle ist seit dem 19. Jahrhundert als »Malerwinkel« bekannt.

Auf der Insel 📍 **Lindau** (Kap. °4) wird das Schiff vom Bayerischen Löwen, den beiden Leuchttürmen und dem Bahnhof empfangen. Dieser wurde schon 1854 mit einem Zug von München eröffnet, ab 1869 gab es von hier aus auch Güterverkehr auf Trajektschiffen nach Romanshorn.

Weil Bregenz von den Schiffsverbindungen her wie eine Sackgasse ist, ohne eine direkte Linie in die Schweiz, geht die Rundfahrt von Lindau aus weiter nach Rorschach. Und weil die Dämme des Rheins in den letzten Jahrzehnten mehrere Kilometer weit in den See hinaus verlängert worden sind, damit der Rhein sein Geröll nicht in der Bregenzer Bucht ablädt, müssen die Schiffe in größerer Entfernung vom österreichischen Ufer fahren. Die Naturlandschaften des Rheindeltas zwischen Hard und Gaißau sind das größte Feuchtbiotop-Schutzgebiet am See und einen Besuch von der Landseite her wert.

Nach dem Rheindelta fährt das Schiff an Rheinspitz vorbei, wo der Alte Rhein in den See fließt und daher heute noch die Grenze zur Schweiz verläuft. Wenn Sie von hier nach Süden schauen, sehen Sie hinter dem Flughafen St. Gallen-Altenrhein die östlichen Ausläufer des Appenzeller Vorderlandes, mit Orten wie Heiden, Wolfhalden und Walzenhausen.

Der Lindauer Löwe und der Neue Leuchtturm.

KAPITEL N° 6

🔴 **Rorschach** ist die Hafenstadt des Kantons St. Gallen, über die dieser im 18. Jahrhundert mit Getreide aus Oberschwaben versorgt wurde – das barocke Kornhaus am Hafen zeugt davon. Bei einem kurzen Aufenthalt in Rorschach können Sie einen Spaziergang durch die Uferanlagen mit der schönen Figur »Die Schwebende« zum Kultur- und Ausstellungsort Würth Haus machen. Wenn Sie dort beim Bahnhof durch die Bahnhofsunterführung gehen, können Sie mit dem Lift auf den fast 30 Meter hohen »Stadtbalkon« fahren, der eine herrliche Aussicht über den See bietet.

Obwohl der nächste Halt 🔴 **Arbon** wie die anderen Orte am Schweizer Obersee nach Nordosten orientiert ist, fahren die Schiffe wegen der Lage der Stadt auf einer kleinen Halbinsel von Südosten her zum Hafen. Das vom Schiff aus gut sichtbare Ensemble aus dem mittelalterlichen Schloss, der Kirche St. Martin und der kleinen Galluskapelle zeigt nur die halbe Geschichte der Stadt – in direkter Nähe der Kirche sind überirdisch noch die Mauern des römischen Kastells zu sehen. Ein schöner Ort, um am Ufer zu sitzen, ist der fast rechteckige Platz beim Fliegerdenkmal, wenn er nicht gerade durch das Open-Air-Kino belegt ist.

In 🔴 **Romanshorn** zeugen die Lagerhäuser an der Südseite des Hafenbeckens von der Blütezeit der Stadt, als sie Umschlagplatz für Güter von der württembergischen Seite war. Die zwei Kirchen auf dem Hügel an der Nordseite stehen für diese Entwicklung: Bis ins späte 19. Jahrhundert reichte noch die kleine Alte Kirche für beide Konfessionen, dann wurde 1913 für die Katholiken die neue neoromanische gebaut,

---

Wussten Sie, ...

dass es am Bodensee bis zum Ende des 19. Jahrhunderts noch fünf verschiedene Ortszeiten gab? Sowohl für die Fahrpläne der Schiffe, als auch für den Eisenbahnverkehr war es kein kleines Problem, dass sich die Schweiz nach der Berner Zeit richtete, Baden nach der Karlsruher, Württemberg nach der Stuttgarter, Bayern nach der Münchner und Österreich nach der Prager. Zwischen diesen Zeitzonen gab es Unterschiede von bis zu 28 Minuten. Erst 1890 wurde in den Ländern die Mitteleuropäische Zeit eingeführt.

---

die über den ganzen See zu sehen ist. Die Evangelischen hatten da schon ihr eigenes, vom Hafen etwas landeinwärts gelegenes Gotteshaus.

In 📍 **Altnau** können die großen Kursschiffe erst seit 2010 halten, nachdem ein 270 Meter langer Anlegesteg durch die hier besonders weite Flachwasserzone gebaut wurde. Dieser Steg ist auch unabhängig von einer Schifffahrt ein schönes Ausflugsziel, denn es ist eine fast meditative Erfahrung, auf ihm in den See hinauszugehen, gerade in den Morgen- und Abendstunden.

Die Ortschaften der Gemeinde Münsterlingen, Landschlacht und Scherzingen sind nur vom Schiff aus zu sehen, die auffallenden Gebäudekomplexe dazwischen sind das ehemalige Kloster Münsterlingen, heute Kantonsspital, und direkt am See die Psychiatrische Klinik. Der nächste Halt ist erst in Bottighofen, was schon zur Agglomeration Konstanz-Kreuzlingen gehört. Nach der großzügigen Seeuferanlage, dem Seepark mit dem Seemuseum, fahren die Schiffe in den Hafen von Kreuzlingen und von da weiter nach Konstanz.

Auf dem längsten Steg am Bodensee.

SEHENSWERT

📍 Argenbrücke
Kressbronn

Die berühmte Kabelhängebrücke von 1897 steht von der Argenmündung aus etwa einen Kilometer landeinwärts. Von ihr wird oft behauptet, sie wäre das Vorbild für die Golden Gate Bridge gewesen, aber das ist nur eine schöne Legende – 40 Jahre später war die Brückenbautechnik schon viel weiter, und man konnte in ganz anderen Dimensionen bauen.

📍 Heiden
www.heiden.ch

Vom Hafenbahnhof Rorschach fährt eine Zahnradbahn in 17 Minuten in den Kurort Heiden (800 m), der einer der schönsten Logenplätze über dem See ist. Das Ortsbild ist einheitlich in Biedermeier-Architektur, das Freibad ist ein Baudenkmal aus den frühen 30er-Jahren, der Kursaal eines aus den späten 50ern. Ein Schmuckstück des Biedermeier ist auch der historische Saal im Hotel-Restaurant Linde, in dem auch Konzerte stattfinden (Poststrasse 11, www.lindeheiden.ch).

ESSEN & TRINKEN

Café im Neuen Schloss
Schloßpl. 12, Meersburg
www.neuesschlossmeersburg.de

Meersburg besteht aus der malerischen Unterstadt am See und der Oberstadt

Von der Burg in Meersburg der Blick atemberaubend.

auf der Höhe von Burg und Schloss. Der Aufstieg lohnt sich nicht nur wegen des Stadtbilds und der Aussicht, sondern auch wegen zwei Cafés, von deren Terrassen man so schön über den See schauen kann: beispielsweise das Café im Neuen Schloss.
Barrierefrei mit Aufzug

Die Seeseite des Würth-Hauses.

Bistro Panem
Hafenstrasse 62, Romanshorn
www.panem.ch
Auf der Nordseite des Hafens bietet das Bistro Panem mediterrane Küche auf drei Etagen. Hier wird mit regionalen und saisonalen Zutaten gekocht.

Restaurant Schloss
Schlossbergstrasse 26, Romanshorn
www.schlossromanshorn.ch
Auch von hier haben Sie perfekten Blick auf den Schiffsbetrieb. Es liegt auf dem kleinen Schlossberg, bei dem es von der Terrasse Sicht auf Hafen, See und Berge gibt.
Barrierefrei

Restaurant Fernsicht
Seeallee 10, Heiden
www.fernsicht-heiden.ch
Für höchste Ansprüche gibt es das Restaurant Fernsicht in Heiden. Ein gelungenes Abendessen lässt man in der Fernsicht-Bar im Garten des Restaurants ausklingen.

Würth Haus
Churerstrasse 10, Rorschach
www.wuerth-haus-rorschach.ch
Das Restaurant Weitblick und das KunstCafé im ersten Stock des Würth Hauses sowie das Restaurant Hafen-Buffet (*www.hafenbuffet.ch*) beim Hafenbahnhof bieten eine schöne Aussicht über den östlichen Obersee.

KAPITEL N° 6

Der Säntis ist immer nah.

INTERVIEW MIT
Rolf Benzmann
—

Rolf Benzmann ist seit 2009 Geschäftsführer bei Regio TV Bodenseefernsehen, einer Tochter des Medienhauses Schwäbisch Media mit Sitz in Ravensburg. In seiner wöchentlichen Talk-Sendung »Chefsache« hat er regelmäßig Unternehmer aus Baden-Württemberg zu Gast. Er moderiert das Veranstaltungsformat »Colette Salon« der Tertianum Premium Residenz Konstanz.

Wo ist der Blick über den See am schönsten?
Beeindruckend ist das Panorama vom Pfänder aus, dem Hausberg von Bregenz. Mit der Gondelbahn ist man in wenigen Minuten oben, zu Fuß kann der Aufstieg rund drei Stunden dauern. Auf dem Berg gibt es einen schönen Rundgang, bei dem man Tiere im Freigehege sieht. Ein empfehlenswerter Tagesausflug für die ganze Familie. Tipp: Wer eine Decke mitnimmt, kann wunderbar abseits picknicken.

Politiker sagen oft, der See verbinde. Ist das tatsächlich so?
Zum Beispiel beim Wassersport: Das Bodenseeschifferpatent, der Führer-

KAPITEL Nº 6

Eine Fahrkarte in den Seglerhimmel.

> **„**
> *Wie eine andere Welt und sehr idyllisch mutet der westliche Teil des Rheindeltas beim Alten Rhein an.*
> —

schein für den Bodensee und die damit verbunden Regeln quasi, ist für alle gleich. Dann gibt es die Internationalen Bodenseekonferenz, wo die Vertreter der »See-Regierungen« über zahlreiche gemeinsame Projekte und Herausforderungen beraten. Die Internationale Bodensee-Hochschule ist ein leistungsstarker Verbund aller Hochschulen am See rund um Lehre und Forschung. In Sachen Verkehrspolitik geht's mir persönlich jedoch zu langsam.

Sie leben im Nordosten der Region. Was bringt Sie in Städte wie Kreuzlingen oder Winterthur?
Einige Freunde leben in der Schweiz. In Kreuzlingen ist der Seeburg-Park wirklich klasse oder die langen Fahrradwege, die sich auch bestens zum Inline-Skaten eignen. In Winterthur bietet das Technikmuseum Technorama ein tolles Schlechtwetter-Programm.

In der Bodenseeregion gibt es wenige grenzüberschreitende Medien. Warum ist das so schwierig, welche erfolgreichen Beispiele gibt es?
Bei übergreifenden Themen tauschen sich Journalisten und Medien oft direkt aus. Allerdings haben die regionalen Medienhäuser sich über Jahrzehnte auf ihre Kern-Verbreitungsgebiete konzentriert. Die Radiosender wiederum strahlen jeweils über Landesgrenzen hinaus aus. Bei den Fernsehsendern gibt es immer wieder Diskussionen, die oft am Bedürfnis der Menschen vorbeigehen. Tolle Beispiele für Bodensee-Medien sind beispielsweise das *Gastro-Magazin Seezunge* oder das *Bodensee Magazin* vom Labhard Verlag. Das Portal *Bodensee.de* ist ein guter Ferienwohnungs-Führer.

Was sind für Sie die schönsten Orte, um mit dem Boot anzulegen?
Das Rebgut Haltnau zwischen Meersburg und Hagnau (Uferpromenade 107, 88709 Meersburg): Hier kann man gut anlegen und im Biergarten oder Restaurant die Sonnenseite des Sees genießen. Auch sind die Anlegemanöver der Skipper bisweilen recht unterhaltsam. Wie eine andere Welt und sehr idyllisch mutet der westliche Teil des Rheindeltas beim Alten Rhein an.

Das Schloss Montfort in Langenargen mit der besten Lage am See.

OSTSCHWEIZ-RUNDFAHRT

MIT DEM ZUG DIE SCHWEIZ ENTDECKEN

Eine S-Bahn-Rundreise mit dem Ringzug S4 führt an den Zürichsee und den Walensee, durch das Toggenburg und ins Rheintal.

START — 1 — **ST. GALLEN**
  🚆 CA. 10 MINUTEN FAHRT
2 — **HERISAU**
  🚆 CA. 10 MINUTEN FAHRT
3 — **DEGERSHEIM**
  🚆 CA. 7 MINUTEN FAHRT
4 — **MOGELSBERG**
  🚆 CA. 7 MINUTEN FAHRT
5 — **LICHTENSTEIG**
  🚆 CA. 22 MINUTEN FAHRT
6 — **UZNACH**
  🚆 CA. 20 MINUTEN FAHRT
7 — **RAPPERSWIL**
  🚆 CA. 25 MINUTEN FAHRT
8 — **BAHNHOF ZIEGELBRÜCKE**
  🚌 OPTION: MIT DEM POSTAUTO NACH WEESEN AM WALENSEE
9 — **MURG**
  ⛴ OPTION: MIT DEM SCHIFF NACH QUINTEN
10 — **UNTERTERZEN**
  🚠 OPTION: MIT KABINENSEILBAHN NACH TANNENBODEN
11 — **SARGANS**
  🚆 CA. 6 MINUTEN FAHRT
12 — **BAD RAGAZ**
ZIEL — 13 — OPTION: ST. MARGARETHEN (ÜBER RORSCHACH NACH ST. GALLEN)

KAPITEL N⁰ 7

—

Ostschweiz-Rundfahrt

—

Eine Rundfahrt um den Bodensee ist ein außergewöhnliches Erlebnis: sei es mit dem Rad oder mit dem Auto, dem Zug oder über den See per Schiff – oder zu Fuß auf den gut ausgeschilderten Wanderwegen. Weil die Berge auf der Schweizer Seite bei normaler Sicht ständig präsent sind und die Schweiz als ein Paradies des öffentlichen Verkehrs gilt, empfehlen wir Ihnen im folgenden Kapitel eine kleine Zugreise um das Alpsteinmassiv mit dem Säntis und der Kette der Churfirsten. Diese Rundreise führt Sie auch zu den beiden südlichen Nachbarseen des Bodensees. An der Strecke liegen eine Reihe von Städten und Dörfern, die einen längeren Aufenthalt wert sind – von der Ostschweizer »Metropole« St. Gallen über die Rosenstadt Rapperswil am Zürichsee bis zu dem Weiler Quinten am Walensee.

OSTSCHWEIZ-RUNDFAHRT

Das Schweizer Ufer des Bodensees gehört größtenteils zum Kanton Thurgau; zum Kanton St. Gallen, der weit nach Süden reicht, gehören nur die Kilometer zwischen Arbon und dem Rheindelta. Eine Rundfahrt durch den größten Gliedstaat der Ostschweiz bietet ein umfassendes Bild dieses Kantons, der übrigens Appenzell Inner- und Ausserrhoden umschließt. Dabei verbindet diese Rundfahrt auch die drei Seen der Ostschweiz: den Obersee des Bodensees, den Obersee des Zürichsees und den Walensee, die alle fast die gleiche Höhenlage haben (Bodensee 395 m, Zürichsee 406 m, Walensee 419 m). In Degersheim steigt die Bahn auf eine Höhe von 800 Metern, was den Reisenden eine weite Sicht nach Norden und Westen bietet.

Praktischerweise gibt es eine durchgehende S-Bahn-Linie, die diese Rundfahrt ermöglicht: der Ringzug S4. Auf der ganzen Strecke fahren auch schnellere Züge (Voralpen-Express bis Rapperswil, IR- und IC-Züge), aber mit der S-Bahn erleben Sie mehr. Mit der Ostwind-Tageskarte sind Sie bestens gerüstet: Sie gilt für alle Züge und Busse, für das Schiffchen über den Walensee nach Quinten sowie für die Seilbahn hinauf zum Flumserberg.

Wenn Sie von Konstanz kommen (mit dem Eilzug), beginnen Sie die Fahrt in 🟠 **St. Gallen.** Kommen Sie von Lindau oder Bregenz, ist St. Margrethen der Start. Die erste Dreiviertelstunde der Fahrt geht es über 🟠 **Herisau,** 🟠 **Degersheim,** 🟠 **Mogelsberg** und 🟠 **Lichtensteig** recht kurvig und aus-

Quinten am Walensee.

Rapperswil vom Steg aus, mit Schloss und Kirche.

sichtsreich durch die idyllische Voralpenlandschaft des Appenzeller Hinterlandes und des Toggenburgs; nur die beiden Tunnel vor und nach Wattwil erlauben den Augen eine Pause.

In **Uznach,** wo die S-Bahn des Ringzugs nach Sargans wendet, können Sie umsteigen und einen Abstecher nach **Rapperswil** unternehmen – wenn Sie ab St. Gallen mit dem Voralpen-Express fahren, können Sie einfach im Zug sitzen bleiben.

Rapperswil ist durch seine Lage auf einer Halbinsel am Zürichsee und mit seinem Stadthügel samt Kirche und Burg eine der schönsten Kleinstädte der Schweiz. Sehenswert ist der herrliche Rosengarten zwischen der Altstadt und dem Kapuzinerkloster an der Spitze der Halbinsel. Seit 2001 hat Rapperswil auch einen der eindrucksvollsten Spazierwege der Schweiz: An der Stelle eines historischen Seeübergangs wurde ein etwa 840 Meter langer Holzsteg über das Flachwasser errichtet, auf dem heute auch die Jakobspilger einen Teil der Etappe von Rapperswil nach Einsiedeln gehen. Eine Aussichtsplattform und mehrere Bänke laden zum Genuss des Seepanoramas ein. Der Blick nach unten zeigt die Tier- und Pflanzenwelt der Flachwasserzone, doch Informationstafeln erklären die Vor- und Frühgeschichte: Nahe des Ufers stand in der Frühbronzezeit (nach 1600 v. Chr.) ein von Palisaden geschütztes Pfahlbaudorf, eine der größten Siedlungen des Alpenvorlands.

Von Rapperswil aus erreichen Sie nach einer kurzen Zugfahrt in Uznach wieder die Rundfahrt-Strecke, auf der Sie nach wenigen Minuten zum Bahnhof 🟠 **Ziegelbrücke** kommen, der vor allem eine Umsteigestation ist. Von hier können Sie mit dem Postauto (Postbus) zu dem hübschen Uferort 🟠 **Weesen** am Walensee mit seiner etwas mondänen Uferpromenade fahren, von da weiter auf die Sonnenterrasse von Amden (935 m), die Ihnen einen herrlichen Blick in die Bergwelt der Glarner Alpen bietet, u. a. zum Vrenelisgärtli, dem meistbestiegenem Gipfel der Region.

Der schönste Teil der Rundfahrt ist dann die Strecke an der Südseite des Walensees, mit ihrem Blick auf das kaum zugängliche Nordufer und die Steilwände der fast 2.000 Meter hoch aufragenden Churfirsten. Um den Walensee zu erleben, steigen Sie am besten in 🟠 **Murg** aus. Der Ort liegt nicht nur etwa in der Mitte des Südufers, sondern erhebt sich auch auf einem kleinen Delta, denn hier hat die Murg jahrtausendelang Geröll in den See befördert. Vom Ufer haben Sie deshalb einen schönen Rundblick vom einen zum anderen Ende dieses fjordartigen Sees. Und Sie können von hier mit dem Schiff zu dem autofreien Ort 🟠 **Quinten** hinüberfahren (etwa jede Stunde, auch in der Tageskarte enthalten), der am Südfuß des Leistchamms liegt und für sein mildes Klima bekannt ist: Palmen und Feigen-

Ein bestechender Blick von Weesen am Walensee in die Glarner Berge.

Auf den freien Platz kommt gleich eine Leserin.

bäume wachsen hier. Von der nächsten Station, 🟡**Unterterzen,** aus haben Sie die Möglichkeitn mit der Kabinenseilbahn nach 🟡**Tannenboden** (1.340 m) am Flumserberg zu fahren. Schon auf halber Höhe öffnet sich der ideale Blick auf die gegenüberliegenden Berge.

Die südlichste Station der Rundfahrt ist dann 🟡**Sargans,** ein Städtchen am Fuß des steil aufragenden Gonzen, das – zu Unrecht – vor allem als Verkehrsknotenpunkt von Bahnlinien und Autobahnen bekannt ist. Von hier aus bietet sich ein weiterer Abstecher in den alten, mondänen Kurort 🟡**Bad Ragaz** an. Neben den traditionsreichen Grandhotels gibt es eine moderne Therme und alle drei Jahre (2021, 2024 ...) in den Sommermonaten die Skulpturenausstellung Bad RagARTz. An heißen Sommertagen finden Sie in der Taminaschlucht, in der die Keimzelle des Badeorts liegt, Schatten und kühlere Luft. Von Bad Ragaz aus können Sie mit der S-Bahn Richtung Bodensee zurückfahren. Etwas rasanter geht es mit den Schnellzügen der Linie Chur – St. Gallen, die aber auch an interessanten Orten halten: Buchs, Altstätten und Heerbrugg. Alle drei bieten sich für weitere Entdeckungen an.

Für alle Möglichkeiten dieser Tour reicht auch ein langer Sommertag nicht aus. Sie können diese Rundfahrt durchaus mehrfach angehen, jeweils mit einer anderen Variante.

BERGE GEZEICHNET
Mit den Zügen der SOB können Sie die Bergwelt der Ostschweiz kennenlernen, ohne in die Höhen zu wandern: Jeder Zug ist nach einem Berg benannt und trägt dessen Silhouette an den Seiten des Führerhauses. Wenn Sie mehrere Bahnen gesehen haben, wissen Sie, wie unterschiedlich die Bergformen sind, von steilen Zacken bis zu sanften Linien.

3 Fragen an

SABINE LOOP

—

Sabine Loop führt, gemeinsam mit ihrer Tochter Nadine Loop, den Buchladen Bad Ragaz im Zentrum des Kurorts. In dem schmalen Laden veranstaltet sie auch Lesungen.
www.buchbadragaz.ch

—

❶ Bad Ragaz ist bekannt durch seine Kur- und Grandhotels. Was ist es noch?

Das Kulturleben bietet inzwischen viel mehr als die Kurkonzerte früherer Zeiten. Im 📍 **Grand Resort** (Bernhard-Simon-Strasse) gibt es jährlich ein hochkarätiges Klassik-Festival, das von einer Bank aus Vaduz gesponsert wird. Durch die Skulpturenausstellung RagARTz hat sich die Gemeinde auch im Bereich der zeitgenössischen Kunst profiliert. Das Schöne daran ist, dass jedes Mal einige der Kunstobjekte hierbleiben und das Ortsbild bereichern.

❷ Das »Heidiland« liegt ja inmitten einer Wanderregion. Welche Möglichkeiten bietet es?

Da gibt es Wege auf allen Niveaus, im doppelten Sinn. Zuerst die Spazierwege im Park der Grandhotels, um den Giessensee, am Rhein oder der Tamina entlang. In alpine Höhen geht es oberhalb von Bad Ragaz bis weit über 2.000 Meter. Durch die Kabinenseilbahn zur Bergstation Laufböden (2.225 m) ist die 5-Seen-Wanderung fast ein Spaziergang. Als spezieller Tipp in mittlerer Lage: Fahren Sie mit dem Postauto über Pfäfers hinauf nach St. Margrethenberg, von dort sind Sie mit einer leichten Wanderung in einer guten Stunde auf dem Pizalun (1.478 m), einem der schönsten Aussichtsberge.

❸ Welches Buch empfehlen Sie den Leserinnen und Lesern für diese Gegend?

Der Wanderführer »Orte des Staunens« ist einfach das Spezielleste zum »Heidiland«. Er stellt 15 Wanderungen zu »55 kraftvollen Plätzen in der Ferienregion Heidiland« vor, also zwischen Bad Ragaz und Weesen am westlichen Ende des Walensees, von den Sequoia-Bäumen in Bad Ragaz bis zum Paxmal hoch über dem Walensee.

HOTEL

🟠 Parkhotel Schwert
Hauptstr. 23, Weesen
www.parkhotelschwert.ch
Gehobenes Hotel an der »Riviera der Ostschweiz«, mit großer Front nach Südosten, also Blick von den Morgensonne-Balkonen über den Walensee auf die Berge. Das Gebäude geht auf das 14. Jahrhundert zurück.

ESSEN & TRINKEN

🟠 Rössli
Dorfstr. 16, Mogelsberg
www.roessli-mogelsberg.ch
Das Rössli ist ein über 300 Jahre alter Strickbau im traditionellen Toggenburger Stil, in dem seit über 40 Jahren mit Sternzeichen- und Kulturmenüs, im Herbst auch mit Wild aus der Umgebung das Modell Bio-Gourmet gepflegt wird.

Bedingt barrierefrei

🟠 Café Good
Marktgasse 11, Rapperswil
www.cafegood.ch
In Rapperswil sitzt es sich schön am Hafen und an der Seepromenade. Wer es ruhiger mag, kann frische Salate, Tartes und Focaccias sowie selbst gebackene Kuchen in diesem originell eingerichteten Café in der nächsten Parallelstraße genießen.

Terrasse barrierefrei

Tipp

Tannenbodenalp
www.flumserberg.ch
Ein moderner Alpbetrieb, der mehr bietet als Unterkunft und gut bürgerliche Gastronomie, etwa die Möglichkeit, selber Käse herzustellen. Dank Schaukäserei kann man auch ohne eigenes Mitwirken die Arbeitsabläufe verfolgen.

Gut essen geht im Café Good.

An einem Frühlingstag auf der Terrasse des Hotels Schwert.

Sagibeiz
Alte Staatsstr. 6, Murg (Quarten)
www.sagibeiz.ch
Restaurant in einer ehemaligen Sägerei am Seeufer, die zur Spinnerei Murg gehörte. Dieser bis in die 90er-Jahre größte Gewerbebetrieb im Ort wurde nach seiner Schließung erfolgreich umgebaut. Wem es hier gefällt, der kann sich im Lofthotel einmieten, Wellnessbereich und Tennishalle nutzen. Balkon über dem See, Fische aus dem See.

Barrierefrei

Café Konditorei Fäh
Bahnhofstr. 9, Sargans
www.faehnomenal.ch
Das Café mit Bäckerei und Konditorei liegt zwischen Bahnhof und Schlosshügel. Traditionelles Handwerk in der Backstube und feine Torten im Café.

📍 **Frauenhof**
Marktgasse 56, Altstätten
www.restaurant-frauenhof.ch
Der Frauenhof ist weder nur von Frauen noch nur für Frauen – sein Name verweist auf die lange Geschichte des Hauses mit einer Stifterin im 15. Jahrhundert. (Fragen Sie die Bedienung nach Details!) Hier wird mit Garten- und Wildkräutern gekocht.
Teilweise barrierefrei

EINKAUFEN

📍 **Weingut Schmidheiny**
Schlossstr. 210, Heerbrugg
www.schmidheiny.ch
Wenige Hundert Meter vom Bahnhof Heerbrugg entfernt liegt das Weingut der berühmten Familie Schmidheiny. Die Reben wachsen an den Südosthängen des Rheintals, die Weine werden in einem architektonisch anspruchsvollen Neubau präsentiert. Zu den Gütern der Familie Schmidheiny gehört auch das Weingut Höcklistein am nördlichen Stadtrand von Rapperswil, das ebenfalls mit neuer Architektur in aussichtsreicher Lage steht.
Teilweise barrierefrei

📍 **Raststätte Heidiland**
Bad Ragaz / Maienfeld
www.heidiland.com
Vom Bahnhof Bad Ragaz ist es nur ein kleiner Spaziergang (ca. 400 m) zur Autobahnraststätte »Heidiland«. Hier kann man sich im Heidiland-Shop und Information »La Butia« nicht nur über die so bezeichnete Ferienregion, sondern auch über den Kanton Graubünden informieren – und es ist ein Laden mit allen möglichen sinnvollen oder auch kitschigen Dingen, die aus der Region stammen oder sonst einen Bezug zu ihr haben.
Barrierefrei

Infos

Tarifverbund Ostwind
www.ostwind.ch
Ostwind-Tageskarte (Rundfahrt mit allen Abstechern) mit Halbtax 20 Fr. (voller Preis 40 Fr.), reine Fahrzeit (St. Gallen – Uznach – Sargans – St. Gallen): 2.53 h

---

Schifffahrt auf dem Walensee
www.walenseeschiff.ch

Das Alte Bad Pfäfers, die Keimzelle des Kurwesens in Bad Ragaz.

WELLNESS & ERLEBNIS

🔸 Tamina-Therme,
Hans-Albrecht-Str., Bad Ragaz
www.taminatherme.ch
Thermalwasser aus den Bergen des Pizolmassivs, in einem architektonisch und von den Angeboten her sehr vielseitigen Thermalbad – eine »Quelle für alle Sinne«. Mit einer Temperatur von 36,5 °C hat das Wasser die ideale Badetemperatur. Als Beitrag zum »Digital detox« ist die Therme handy- und smartphonefrei.

🔸 Baumwipfelpfad
Steinwäldli, Mogelsberg
www.baumwipfelpfad.ch
Seit 2018 gibt es bei Mogelsberg (etwa 1 km südlich vom dortigen Bahnhof) den ersten Baumwipfelpfad in der Schweiz, mit beeindruckenden Tief- und Weitblicken. Im Gegensatz zu den meisten anderen Anlagen dieser Art ist der 500 m lange Pfad, dessen höchster Punkt 55 m über der Erde liegt, auch barrierefrei. Wer lieber auf dem Boden bleibt, wandert über den 650 m langen Walderlebnisweg.

Wussten Sie ...

... dass diese Fahrt ein UNESCO-Weltkulturerbe mit einem UNESCO-Weltnaturerbe verbindet? Die Pfahlbaureste im Zürichsee sind Teil des Weltkulturerbes »Prähistorische Pfahlbauten um die Alpen«, zu dem auch die bekannten am Bodensee gehören.
unesco-pfahlbauten.org

KAPITEL N° 7

INTERVIEW MIT

Adrian Müller

Adrian Müller (geb. 1965) ist seit 2012 »Guardian und Hüttenwart« des Kapuzinerklosters Rapperswil, daneben ist er als Redakteur, Coach und geistlicher Begleiter tätig.

Wie und warum sind Sie nach Rapperswil gekommen?
1990 kam ich ins Kapuzinerkloster zur Erstausbildung, dem Postulat. Damals verbrachte ich hier das Winterhalbjahr und kannte die Umgebung dieses wunderbaren Ortes vor allem durch den Blick aus dem Fenster auf den See. Nach einem weiteren mehrjährigen Aufenthalt kam ich 2012 endgültig hierher, weil ich gerne mit Gästen bete, koche, putze usw. – es ist ja ein »Kloster zum Mitleben«.

Warum sollte man Rapperswil besuchen, was ist Ihre besondere Empfehlung?
Rapperswil und Zürich waren noch im 17. Jahrhundert ebenbürtige Rivalen, hier katholisch, dort reformiert. Rapperswil ist wirtschaftlich nach Zürich orientiert, politisch aber ist es der westlichste Ort des Kantons St. Gallen. Es ist mit seinem Seequai und den Uferanlagen ein wenig die Riviera von Zürich. Der Lindenhof, der Platz auf dem Bergsporn zwischen Schloss und Kloster, ist

mit dem Panorama aus See und Bergwelt vielleicht der schönste Ort am Zürichsee. Seit 1913 gibt es in Rapperswil Rosenanlagen, der schönste Rosengarten liegt vor dem Eingang des Klosters.

Warum ist das Kapuzinerkloster ein besonderer Ort?

Vorne am See liegt das Endingerhorn, der »Kapuzinerzipfel«. Hier beten und leben die franziskanischen Kapuzinerbrüder im »Klösterli«, wie Einheimische es nennen. Mit Blick auf den Zürichsee lässt sich trotz des umtriebigen Städtchens im Rücken meditieren und Ruhe finden. Touristen lieben die Antoniusgrotte in der Kapuzinerkirche, ein Kraftort ganz spezieller Prägung.

Was bedeutet der Jakobsweg für Rapperswil?

Rapperswil liegt auf dem Jakobsweg und hat in der Nähe des Klosters eine wunderbare Pilgerherberge. Die Routen von Konstanz und von Rorschach kommen hier zusammen und führen über den wiedererrichteten Steg nach Pfäffikon und weiter nach Einsiedeln. So manch ein Pilger schaut in die untergehende Sonne, geht ins Klösterli zum Nachtgebet und dann in die Herberge. Wenn es sich einrichten lässt, sind für einen Gang auf dem Steg der Sonnenaufgang und -untergang zu empfehlen. Morgenmuffel wie ich genießen die Stimmung des Abends, auch die Tierwelt zeigt sich dann ganz anders als tagsüber.

Was bieten die Kapuziner den Besuchern und Gästen?

In Rapperswil leben Kapuzinerbrüder mit Menzingerschwestern und Laien zusammen. Tagsüber ist die offene Pforte mit Kaffee und Lädeli ein Treffpunkt. Hier nimmt man sich Zeit fürs gemeinsame Gespräch über Glauben und das Leben. Beliebt sind auch die Klosterführungen und Begegnungstage Ende Sommer und in der Adventszeit. Dabei kann man von der ansonsten gesperrten Klosterterrasse den wunderbaren Blick auf den Zürichsee genießen.

www.adrianm.ch
www.klosterrapperswil.ch
www.pilgerherberge.ch

Der Blick von der Klosterterrasse über den Zürichsee Richtung Wädenswil.

KAPITEL N° 8

—

Untersee-Rundfahrt

—

Mit dem Zug (oder Auto) sind Sie in einer knappen Stunde von Konstanz in Schaffhausen – mit dem Schiff dauert es länger, aber Sie sehen dafür die Landschaft ganz anders. Die Schifffahrt durch den Untersee und ab Stein am Rhein nach Schaffhausen wird von der Schifffahrtsgesellschaft Untersee und Rhein (URh) als die »schönste Stromfahrt Europas« angepriesen. Da man Schönheit nicht messen kann, kam noch von keinem anderen europäischen Fluss ein Widerspruch. Tatsächlich ist die Fahrt durch die Kultur- und Naturlandschaft beider Länder äußerst abwechslungsreich. Gerade hier zeigt sich auch die mehrere Jahrtausende zurückreichende Geschichte des Bodenseelandes: Wasserburgen wie die Burgruine Schopflen auf der Reichenau, rekonstruierte Pfahlbauten, Kastelle aus der Römerzeit und romanische Kirchen lassen die beschauliche Fahrt zu einer Zeitreise werden. Museen, historische Gärten und Parkanlagen bebildern, wie die Menschen der unterschiedlichsten Schichten – Fischer, Bauern, Schlossherren – hier früher lebten und arbeiteten.

—

UNTERSEE-RUNDFAHRT

Die Schifffahrt von Konstanz nach Schaffhausen dauert dreieinhalb, die Rückfahrt gegen den Strom etwas mehr als viereinhalb Stunden. Die Tipps dieses Kapitels liefern Ihnen jede Menge gute Gründe, Ihre Fahrt mehrfach zu unternehmen.

Wer mit dem ersten Schiff hinfährt (9.12 Uhr ab Konstanz) und das letzte Schiff zurück nimmt (15.18 Uhr ab Schaffhausen), hat zweieinhalb Stunden Zeit, um sich diese gut tausendjährige Stadt an einer ehemaligen Furt wenige Kilometer vor dem Rheinfall anzuschauen. Wer in einem der malerischen Orte am See aussteigt, um sie zu besichtigen, und zwei Stunden später mit dem nächsten Schiff weiterfährt, hat in 🟢 **Schaffhausen** immer noch Zeit für einen Kaffee.

Um mehr der interessanten Kirchen, Kastelle und Lokale an Land sehen zu können, bietet es sich an, die Schifffahrt mit einer Zugfahrt am Schweizer Ufer zu kombinieren: entweder hin mit dem Schiff und zurück mit dem Zug oder eine Teilstrecke mit dem Schiff und dann mit dem Zug weiter. Dafür gibt es die verschiedensten Möglichkeiten, denn bei den Schweizer Anlegestellen ist immer ein Bahnhof in fußläufiger Entfernung, und die Züge fahren im Halbstundentakt. Die Schiffe fahren von Mitte April bis Mitte Oktober. Bei hohem Wasserstand können sie nicht unter der alten Holzbrücke von Diessenhofen hindurchfahren. Dann muss man dort aussteigen, unterhalb der Brücke in ein anderes Schiff umsteigen und mit ihm nach Schaffhausen weiterfahren.

Wer ein Schweizer Halbtax-Abonnement besitzt, dessen Anschaffung sich relativ schnell auszahlt, fährt günstig und praktisch mit der URh-Tageskarte (29 Fr., voller Preis 49,50 Fr.).

Schweizerische Schifffahrtsgesellschaft Untersee und Rhein
www.urh.ch

Links der Blick auf die Höri, rechts auf Steckborn.

KAPITEL N° 8

VOM SCHIFF AUS ZU SEHEN

Bei der Schifffahrt entdecken Sie drei sehr unterschiedliche Gewässerlandschaften: Den etwa vier Kilometer langen Seerhein, der von Konstanz bis nach Gottlieben reicht, den von ihm gespeisten Untersee, der sich bis Stein am Rhein zieht und den Hochrhein, an dem Schaffhausen liegt.

Auf der fast 50 Kilometer langen Strecke passieren Sie zahlreiche Sehenswürdigkeiten, von denen wir Ihnen hier einige besonders markante nennen.

Den größten Gegensatz auf der Strecke zeigt der Seerhein: An seinen Ufern liegt die Konstanzer Stadtlandschaft mit Hochschulgebäuden, Promenaden und Gewerbegebiet. Danach beginnen auf beiden Seiten die unter Naturschutz stehenden Feuchtgebiete, rechts das 🟢 **Wollmatinger Ried,** ein bedeutendes Naturreservat für Flora und Fauna, das als Brut-, Rast- und Überwinterungsplatz für etwa 290 Vogelarten von herausragender Bedeutung ist. Auf dem Hinweg fahren die Schiffe mit einer spürbaren Strömung, obwohl der Höhenunterschied zwischen dem Obersee und dem Untersee nur 20 Zentimeter beträgt – deshalb gilt der Untersee auch als eigenständiges Gewässer.

Er wird auf der Schweizer Seite sowie auf der tief in ihn hineinragenden Halbinsel Höri von zahlreichen Schlössern gesäumt. Sie zeigen, dass auch in früheren Jahrhunderten die Grafen und Bischöfe schöne Wohnlagen schätzten. Vor allem zu Zeiten Napoleons wurden mehrere Schlösschen gebaut, z.B. 🟢 **Arenenberg,** der Exilsitz von Bonapartes Stieftochter Hortense de Beauharnais, und das von kunstvoll gestalteten Gartenanlagen umgebene Schloss Wolfsberg bei Ermatingen. Markant sind auch die Kirchen. Von den drei romanischen Gotteshäusern auf der Insel Reichenau erkennt man vom Schiff aus

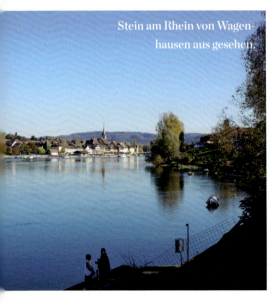

Stein am Rhein von Wagenhausen aus gesehen.

Von der Hochwart zur Kirche St. Georg.

zuerst St. Georg in 🟢 **Oberzell,** nach Mannenbach dann St. Peter und Paul in 🟢 **Niederzell** – mit den Doppeltürmen vom ganzen westlichen Untersee aus zu sehen. Noch dominanter ist die spätgotische Kirche von 🟢 **Horn** an der Spitze der Höri. Wegen ihrer fantastischen Lage 50 Meter über dem Seeniveau soll Großherzog Friedrich I. den Pfarrer um seinen Job beneidet haben: »Wenn ich nicht Großherzog von Baden wäre, wollte ich Pfarrer von Horn sein.« Fast 200 Meter über Stein am Rhein steht das Schloss Hohenklingen, dessen Herren sowohl den westlichen Untersee, als auch den weiteren Verlauf des Rheins überblicken. Vor dem Ende des Sees lohnt die 🟢 **Insel Werd** einen Blick: Auf ihr wurde der erste Abt des Klosters St. Gallen, Otmar, im Jahr 759 in Verbannung geschickt. Zum Angedenken an diesen später heiliggesprochenen Abt steht seit dem 9. Jahrhundert eine Wallfahrtskapelle auf der Insel. In dem an sie angebauten Haus leben fünf Franziskanermönche.

An der Brücke von 🟢 **Stein am Rhein** beginnt der Hochrhein. Vor und nach 🟢 **Diessenhofen** fließt er durch relativ naturbelassene Landschaften. Bei der über 200 Jahre alten gedeckten Pfahljochbrücke zwischen Diessenhofen und Gailingen müssen Sie bei höherem Wasserstand auf dem Oberdeck die Köpfe einziehen. Vor dem deutschen Ort 🟢 **Büsingen,** der seit 1728 als Exklave ein staatsrechtliches Kuriosum ist, sehen Sie rechts auf einer Anhöhe die Michaelskirche. Sie reicht weit vor das Jahr 1000 zurück, ist also noch älter als das Münster von Schaffhausen. Gegenüber, auf Schweizer Seite, erblicken Sie einen Wald, der es in sich hat: In ihm sind noch Reste von Befestigungsanlagen aus zwei Jahrtausenden zu sehen, von der Römerzeit über den Koalitionskrieg 1798/99 bis zum Zweiten Weltkrieg. Zwei Kilometer nach Büsingen zeigt das Gasthaus 🟢 **Paradies** an, dass ihm »Sünder und Genießer« willkommen sind (Klostergutstrasse 10, Schlatt). Nach der letzten Eisenbahnbrücke über den Rhein, einer Stahlfachwerkbrücke von 1894, endet die Schifffahrt.

Ehemaliges Kloster St. Georgen in Stein am Rhein.

UNTERSEE-RUNDFAHRT

2 Fragen an
ARCHITEKT WALTER DERRER

Walter Derrer (geb. 1953) ist Architekt in Stein am Rhein. Er hat in Konstanz an der FH studiert und war auf beiden Seiten der Grenze tätig.

❶ Die Schweizer leben ja mit dem Rücken zum See – wie ist das für die Architekten?
Weil die Schweizer am Untersee auf der einen Seite die Sonne haben und auf der anderen den See, ist es für uns nicht einfacher, aber spannender: das Haus nach zwei oder mehr Windrichtungen zu orientieren, mit Oberlichtern, offenen Grundrissen etc. Gerade ungewöhnliche Lagen erfordern und erlauben auch ungewöhnliche Lösungen.

❷ Wie verbindet der schmalere Untersee die Schweizer und Deutschen?
Die gegenüberliegenden Dorfbewohner am Untersee kennen sich besser, als sie ihre jeweiligen Landnachbardörfer kennen, das weiß ich von Orten wie Mammern und Berlingen. Regelmäßige »Grenzgänger« sind natürlich die Segler, wie auch auf dem Obersee. Hier spielen Nationalitäten keine Rolle, und der Zusammenhalt ist sehr groß. Ich habe ja lange in Gottlieben gewohnt. Da gingen wir im Sommer abends immer mit Motorbooten auf den See, oft auf die nahe Reichenau.

Spannende Architektur für alle Sinne.

TIPPS ZUR SCHIFFFAHRT

🟢 **Paritätische Kirche St. Albin**
Ermatingen
Ein Turm mit gotischem Treppengiebel, ein polygonaler Chor – die aus dem frühen Mittelalter stammende Kirche St. Albin wurde im 15. Jahrhundert erweitert. Seit Einführung der Reformation und der wechselnden Herrschaft der Berner und Luzerner über den Thurgau wird sie von Reformierten und Katholiken gemeinsam genutzt, wie man es auch in anderen Gemeinden im Thurgau findet.

Das Museum Fischerhaus birgt viele Informationen für seine Besucher.

🟢 **Museum Fischerhaus**
Öhningen-Wangen
www.museum-fischerhaus.de
Das Museum liegt am Seeufer in einem denkmalgeschützten, über 400 Jahre alten Speicherbau aus Fachwerk. Es zeigt die bäuerliche Lebensweise auf der Halbinsel Höri und blättert ihre jahrtausendelange Geschichte seit der Pfahlbau-Kultur der Jungsteinzeit auf. Seit 2011 gehören die mehrere Tausend Jahre alten Fundstätten von Wangen-Hinterhorn zum Weltkulturerbe der UNESCO. Seit 2016 ergänzt ein Pfahlbau-Haus am See das Museum.

🟢 **Römisches Kastell**
Stadtteil Burg, Stein am Rhein
Weniger bekannt als die gut besuchte Altstadt von Stein am Rhein ist das römische Kastell Tasgetium auf der linken Rheinseite. Teile seiner massiven Mauern sind noch überirdisch erhalten, seine Geschichte ist auf Informationstafeln gut erklärt. Mitten im Kastell steht die Pfarrkirche St. Johann (im 5. Jh. gegründet). Von dieser Seite hat man auch einen schönen Blick über den Rhein auf das sehr gut erhaltene Kloster St. Georgen vom Anfang des 11. Jahrhunderts. Sein spätgotischer Kreuzgang, der Freskenzyklus im Festsaal sowie das dazugehörige Museum lohnen den Besuch.
Barrierefrei

Das Café Wahrenberger lockt die Gäste vom See.

ESSEN & TRINKEN

🟢 Wy & Kafi ♿
Kirchgasse, Ermatingen
www.mesmerhaus.ch
Wie der Name sagt, gibt es hier im ehemaligen Haus des Mesners etwas unterhalb der Kirche Wein, der von den Weinbergen der Umgebung kommt, und Kaffee. Das Mesmerhaus macht 400 Jahre Baugeschichte erlebbar. Im Herbst 2019 wurde es nach ökologischer Sanierung als Passivhaus eröffnet.
Barrierefrei

🟢 Café Wahrenberger ♿
Seestr. 111, Berlingen
Das Café Wahrenberger hat einen Garten unter Platanen mit einer Panoramasicht über den See sowie einen eigenen Bootssteg, an dem immer wieder Gäste anlegen. Bei Regenwetter kann man drinnen in einer Einrichtung aus den 50er-Jahren sitzen. Das Wahrenberger ist bekannt für seine Obstschaumkuchen.
Barrierefrei

EINKAUFEN

🟢 Gottlieber Seecafé ♿
Espenstr. 9, Gottlieben
www.gottlieber.com
Das schön am Rhein gelegene Café eröffnet den Blick auf das bedeutende, artenreiche Naturschutzgebiet Wollmatinger Ried. Es beherbergt den Fabrikladen der nahe gelegenen Gottlieber Hüppenbäckerei, in der die einzigartigen, mit Schokoladencreme gefüllten Waffelröllchen hergestellt werden.
Barrierefrei

Wussten Sie …

… dass die Namen der Schiffe auch die ganze Strecke zusammenfassen? MS Konstanz, MS Arenenberg (Napoleon-Schloss), MS Thurgau (der Kanton am Untersee), MS Stein am Rhein, MS Munot, MS Schaffhausen.

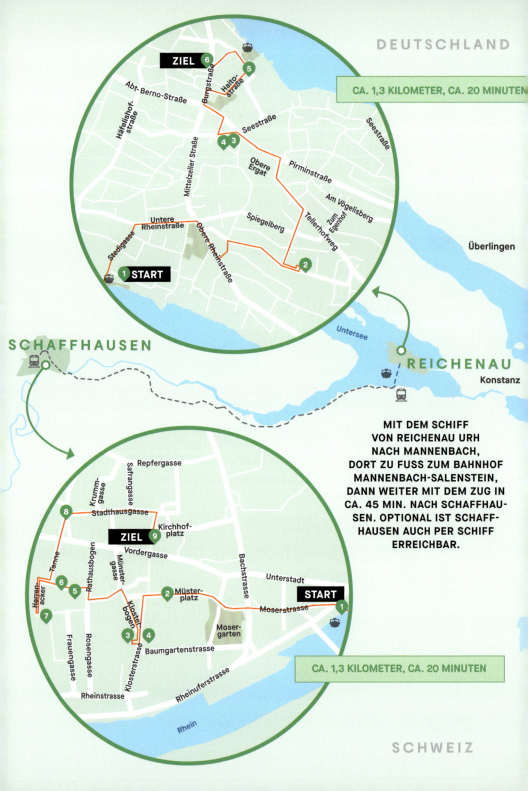

UNTERSEE-RUNDFAHRT

AN DER VIELLEICHT SCHÖNSTEN STROMFAHRT EUROPAS

Diese zwei Spaziergänge lassen sich in die Schifffahrt über den Untersee einbauen.

REICHENAU

START
1. **ANLEGESTELLE REICHENAU**
   CA. 900 METER, CA. 11 MINUTEN
2. **HOCHWART**
   CA. 450 METER, CA. 4 MINUTEN
3. **MUSEUM REICHENAU,** *Ergat 1*
   CA. 20 METER, CA. 1 MINUTE
4. **MUSEUMSCAFÉ,** *Ergat 5*
   CA. 500 METER, CA. 5 MINUTEN
5. **KRÄUTERGARTEN**
   CA. 280 METER, CA. 4 MINUTEN

ZIEL
6. **ZUM ALTEN MESMER,** *Burgstraße 9*

SCHAFFHAUSEN

START
1. **SCHIFFLÄNDE**
   CA. 350 METER, CA. 5 MINUTEN
2. **MÜNSTER,** *Münsterplatz*
   CA. 120 METER, CA. 1 MINUTE
3. **MUSEUM ALLERHEILIGEN,** *Klosterstrasse 16*
   CA. 20 METER, CA. 1 MINUTE
4. **KREUZGANG,** *Klosterstrasse 19*
   CA. 240 METER, CA. 2 MINUTEN
5. **HERRENACKER**
   CA. 15 METER, CA. 1 MINUTE
6. **THEATERRESTAURANT,** *Herrenacker 23*
   CA. 110 METER, CA. 1 MINUTE
7. **WIRTSCHAFT ZUM FRIEDEN,** *Herrenacker 11*
   CA. 170 METER, CA. 2 MINUTEN
8. **FRONWAGPLATZ**
   CA. 210 METER, CA. 2 MINUTEN

ZIEL
9. **KIRCHE ST. JOHANN** (über die Vordergasse zurück zur Schifflände)

REICHENAU

Von der 🟢 **Schiffsanlegestelle** an der Südseite lässt sich der mittlere Teil der Insel am besten erkunden.

Von hier gehen Sie rechter Hand auf dem Thurgauer Weg oberhalb der Bootswerft Beck & Söhne vorbei, wo die traditionellen Boote der Berufsfischer, die »Fischergondeln«, gebaut werden. Über Markusstraße und Hochwartstraße gehen Sie durch die Weinberge zur 🟢 **Hochwart** (438 m), dem höchsten Punkt der Insel. Hier hat man einen umfassenden Blick über den ganzen Untersee. Das markante Turmhaus beherbergt ein Keramikatelier, und bei schönem Wetter öffnet das Gartencafé (Hochwart). Von hier geht's bergab zum Ortszentrum, wo an der Ergat, dem dreieckigen Platz mit der uralten Linde, das 🟢 **Museum Reichenau** mit Insel- und Kirchengeschichte aufwartet. Daneben empfiehlt sich das 🟢 **Museumscafé**. Das Münster St. Maria und Markus ist die größte der drei Inselkirchen: Sein offener Dachstuhl vermittelt einen grandiosen Raumeindruck (Münsterpl. 4). Der 🟢 **Kräutergarten** hinter dem Münster wurde nach dem Lehrgedicht »Hortulus« aus dem 9. Jahrhundert angelegt. Im Restaurant 🟢 **Zum alten Mesmer** gegenüber gibt es einheimische Küche mit Gemüse von der Insel und Fisch aus dem See. Auf der Mittelzeller Straße gelangen Sie – nach einem Blick auf die moderne evangelische Kirche – zurück zur Schiffsanlegestelle. Mit etwas mehr Zeit können Sie den Umweg über die Kirche St. Peter und Paul in Niederzell und das Campingplatz-Restaurant Sandseele machen (Zum Sandseele 1).

www.reichenau.de
www.reichenau-tourismus.de

Die Hochwart auf der Insel Reichenau.

UNTERSEE-RUNDFAHRT

SCHAFFHAUSEN

Wir beschreiben den Rundweg hier von der 📍 **Schifflände** aus. Wenn Sie mit dem Zug anreisen, gehen Sie einfach vom Bahnhof aus nach rechts über die Schwertstraße zum Fronwagplatz und erobern von dort aus die mittelalterliche Altstadt mit ihren Erkern und Brunnen. Von der Schifflände kommend gehen Sie links über die Moserstrasse auf die Münsterkirche zu. Hier können Sie einen Blick in die schlichte romanische Kirche des früheren Klosters Allerheiligen werfen, eine Runde durch den schön verwilderten 📍 **Kreuzgang** machen oder das stadt- und regionalgeschichtliche 📍 **Museum Allerheiligen** besuchen.

Über Beckenstube und Rathausbogen gelangen Sie zum 📍 **Herrenacker**, einem relativ ruhigen innerstädtischen Platz, wo Schaffhauserland-Tourismus Ihnen alle Informationen über die Stadt und den gleichnamigen Kanton bietet (Herrenacker 15). Jetzt können Sie im 📍 **Theaterrestaurant** oder in der uralten 📍 **Wirtschaft zum Frieden** einkehren oder im Sommer einfach auf dem Platz den Kindern zuschauen, die zwischen den kleinen Wasserfontänen herumspringen.

Vom Herrenacker sind es nur wenige Schritte zum 📍 **Fronwagplatz,** dem belebtesten Platz der Fußgängerzone. Von hier aus können Sie durch die Gassen der Altstadt schlendern: Über 170 Erker, viele aus der Barockzeit und der Renaissance sind hier zu entdecken. Wir empfehlen die folgende etwa drei Kilometer lange Route: Vorstadt, Webergasse, Rosengässchen, Pfrundhausgasse, Kirchhofplatz und an der spätgotischen 📍 **Kirche St. Johann** eine kleine Pause, denn der Blick ins vollkommen unregelmäßige, fünfschiffige Langhaus lohnt sich. Danach kommen Sie auf die Vordergasse, die Sie zurück zu Schifflände führt.

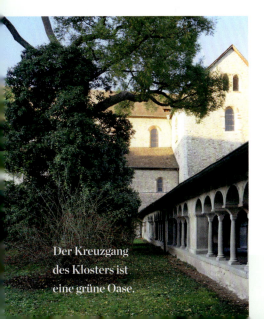

Der Kreuzgang des Klosters ist eine grüne Oase.

Auf dem Dach des Munot werden im Sommer auch Feste gefeiert.

SEHENSWERTES

 Munot
Munotstieg 17
Die einzigartige Rundfestung aus dem 16. Jahrhundert war schon bei ihrem Bau militärisch veraltet, bei der Verteidigung der Franzosen gegen die Österreicher 1799 versagte sie. Von drei Seiten führen schöne lange Treppenwege durch Rebberge auf den Hügel. Von Norden her ist dieses Wahrzeichen der Stadt über die Pestalozzistrasse auch stufenlos erreichbar. Über die spiralförmige Aufstiegsrampe, die ursprünglich für die Pferde angelegt war, lässt sich die obere Plattform mit ihrem weiten Blick stufenlos erreichen.
Bedingt barrierefrei

 Rheinfall
Zu dem berühmten Wasserfall kommen Sie mit einem etwa einstündigen Spaziergang am nördlichen Rheinufer. Der Rheinfall gehört nicht zu Schaffhausen, sondern zur Nachbarstadt Neuhausen, die die Industriekulisse für das Naturschauspiel bietet. Das Wasser fällt nur 25 Meter tief, aber durch seine Wassermassen gehört der Rheinfall zu den drei größten Wasserfällen Europas. Von der Bahnstation Neuhausen-Rheinfall aus ist der Rheinfall seit 2015 durch zwei Liftanlagen bequem zu erreichen. Am Rheinfallbecken liegt das Schlössli Wörth: Von ihm aus fahren Ausflugsboote dicht an das Naturspektakel heran.
Barrierefrei

ESSEN & TRINKEN

Güterhof
Freier Platz 10
www.gueterhof.ch
Das Restaurant in einem Lagerhaus aus dem 18. Jahrhundert erinnert daran, dass die Stadt durch den Handel auf der Rheinachse entstanden ist, denn hier wurden vor der Einführung der Eisenbahn Güter von Schiffen auf Wagen umgeladen, um den Rheinfall zu umgehen. Die historischen Mauern aus dem Jahr 1787 wurden 2019 behutsam restauriert. Auf der Karte stehen Schweizer Klassiker, und vor der Terrasse gurgelt der Rhein.
Barrierefrei

UNTERSEE-RUNDFAHRT

Die Rhybadi erinnert von oben an ein Schiff

🟢 Café Confiserie Rohr
Vordergasse 57
www.confiserie-rohr.ch
Das Café der Confiserie Rohr zählt laut dem Schweizer Heimatschutz zu den 50 schönsten Cafés der Schweiz. Hier können Sie im 1. Obergeschoss in einem ganz modernen Erker sitzen, der durch große Glasflächen eine freiere Sicht auf den Platz bietet als die historischen Erker. Diese älteste Schokoladenmanufaktur in Schaffhausen ist berühmt für ihre »Rohrstengel«, die »Rohrzüngli« und die Birnentorte.

WELLNESS

🟢 Rhybadi
Rheinuferstrasse 1
www.rhybadi.ch
Wer gerne im Rhein schwimmt, aber den Strömungen misstraut, kann im Sommer in der Rhybadi schwimmen, die das größte der in der Schweiz noch erhaltenen Kastenbäder ist. Außer einem Bistro gibt es in der historischen Badeanstalt auch Kino und Konzerte, Yoga zum Sonnenauf- und -untergang und andere Angebote.

Diesen Blick auf Konstanz erhält man nur von weit oben.

SERVICE

BILDNACHWEIS
—

S. 10, 17, 18 20, 23, 24, 25, 29, 31, 32, 34 **links**, 43, 45, 47, 48, 49, 51, 53, 57, 60, 61, 63, 64, 66, 67, 71, 72, 73, 74, 75, 78, 80, 86, 87, 88, 89, 91, 92, 94, 95, 99, 100, 101, 102, 104, 106, 107, 111, 113, 114, 115, 116, 117, 118, 119, 120, 121, 122, 126/127: Patrick Brauns
S. 8: Achim Mende, Internationale Bodensee Tourismus GmbH
S. 11: Fernsicht-Event AG
S. 19: @Emilyan Frenchev
S. 21: MTK-Dagmar Schwelle
S. 22: @Nils Hasenau
S. 34, rechts: Landesgartenschau Überlingen 2020 GmbH / Jürgen Heppeler
S. 35: Landesgartenschau Überlingen 2020 GmbH
S. 36: Silke Magino
S. 37, S. 38: Eckhard Waasmann
S. 39: MTK-Dagmar Schwelle

S. 44: Franz Schwarzbauer
S. 46: ©Zeppelin Museum Foto Späth
S. 50: Museum Humpis-Quartier und Jehle&Will
S. 52: Peter Berthold
S. 58: Ludwig Seibert
S. 62: © Kunsthaus Bregenz, Matthias Weissengruber
S. 65: Sieghard Baier
S. 76: Hotel Dom
S. 77: Damian Imhof / Kurzschuss Photography GmbH
S. 79: Patrick Fust
S. 90: Burg Meersburg GmbH
S. 91: Ueli Steingruber/ Würth Management AG
S. 93: Rolf Benzmann
S. 105: Parkhotel Schwert
S. 108, 109: Adrian Müller
S. 123: Roberta Fele & Module Plus
S. 124: @Emilyan Frenchev

Winterliches Nebelmeer über dem Rheintal, im Hintergrund die Vorarlberger Berge.

IMPRESSUM

CALLWEY
SEIT 1884

© 2020 Callwey GmbH, München
buch@callwey.de
Tel.: +49 89 436 00 50
www.callwey.de
Wir sehen uns auf Instagram:
www.instagram.com/callwey

ISBN 978-3-7667-2476-2

1. Auflage 2020

Das Werk einschließlich aller seiner Teile ist urheberrechtlich geschützt. Jede Verwertung außerhalb der engen Grenzen des Urheberrechtsgesetzes ist ohne Zustimmung des Verlages unzulässig und strafbar. Das gilt insbesondere für Vervielfältigungen, Übersetzungen, Mikroverfilmungen und die Einspeicherung und Verarbeitung in elektronischen Systemen.

Die Deutsche Nationalbibliothek verzeichnet diese Publikation in der Deutschen Nationalbibliografie; detaillierte bibliografische Daten sind im Internet über *http://dnb.d-nb.de* abrufbar.

Der Autor

Dr. Patrick Brauns ist Autor, Journalist und Texter in Konstanz. Seit 1992 hat er ein Dutzend Bodensee-Bücher veröffentlicht, daneben auch Bücher und Artikel über andere Regionen sowie die Schweiz. Über das Schreiben hinaus leitet er Touren und Exkursionen (über Brücken, historische Straßen u. a.) oder referiert über seine Themen.
www.patrickbrauns.net

Dieses Buch wurde in CALLWEY-QUALITÄT für Sie hergestellt:

Beim Inhaltspapier haben wir uns für ein MagnoMatt in 150 g/m2 entschieden – ein matt gestrichenes Bilderdruckpapier. Diese Oberfläche gibt dem Inhalt den gewünschten Charakter. Die Hardcover-Gestaltung besteht aus bedrucktem Bilderdruck-Papier und wurde mit einer bedruckten Kaltfolienprägung veredelt. Dieses Buch wurde in Deutschland gedruckt und gebunden bei optimal media GmbH, Röbel/Müritz.

Viel Freude mit diesem Buch wünschen Ihnen:

Herausgeber: Tertianum Premium Residences
Projektleitung: Amber Holland-Cunz
Konzeption: Elsa Horstkötter (im Auftrag von Tertianum Premium Residences)
Lektorat: Gabriele Hoffmann
Herstellung: Dominique Scherzer
Korrektorat: Andreas Leinweber
Kartografie: Daniela Petrini
Grafische Gestaltung, Satz und Umschlaggestaltung:
Anna Schlecker,
München